柏井 壽

京都の路地裏

の京都人が教えるひそかな愉しみ

GS 幻冬舎新書

357

はじめに　本書の取り扱い説明書。脇見、或いは道草のススメ

たとえそれが初めての京都であったとしても、よしんば飽きるほどに訪ねた京都であっても、是非ともここを観て欲しい。ここで食べて欲しい。ここを歩いて欲しい。そう思う場所は、不思議なほど路地裏や細道にある。

京都を紹介する本や雑誌は星の数ほどある。かく言う僕も何冊も書いてきたし、頼まれれば雑誌の京都特集にも微力を注いで来た。

手を替え品を替え、新たな切り口を探して、これまでにない京都を見せ、それを綴《つづ》る。まるで、果てなどないように、それがいつまでも続くというのは、まことに以て不思議な話であり、それがしかし、京都という街の、底無し沼のような奥深さというか、汲《く》めども尽きぬ泉のごとく、言うに言われぬ魅力なのだろうと思う。

だが残念なことに、いくつかの本や雑誌は、これまでに書き尽くされたことを、ただなぞっているだけに過ぎず、それもあまりに皮相的なので、がっかりしてしまう。

きっとそれは、本の作り手が無駄歩きをしていないせいだと思う。取材という目的を持って歩くのと、ただ闇雲に思うがままに歩き回るのとでは、根本的に違う。

前者になくて後者にあるもの。それは脇見である。或《ある》いは道草。

当初の目当てに入っていなかったものに目を向け、やがてそれが本筋になってしまう。それこそが街歩きの醍醐味《だいごみ》なのだが。

誰もが認めるような名所は大抵表通りにある。道に迷うこともない。人の流れに乗り、多くの背中に付いて行けば、間違いなく名所に辿《たど》り着ける。

そこにあるのは予想していた通り、教科書通りの名所だ。

これがこうして、あれがこうなって、今ここに名所になった。そんな説明を聴かされ、耳に届いても、心には響かない。心は既に次なる名所へ。もしくは京の美味へ。

せっかく京都まで来て、既存の知識の確認作業に終わったのでは、あまりにもったいない。未知の世界に飛び込んで、自分だけの京都を見つけて欲しいと願う。

京都に生まれ育って、暦がひと回りを越えて二年が経った。元々が歩くことの大好きな人間だから、これまで京都の街中をいやというほど歩き回って来た。時に地下鉄やバスを乗り継ぎ、ある時は自転車を漕《こ》いで、街中を走り回った。よく喩《たと》えられる例に倣えば、きっと地球を何周か出来るほどだろうと思う。たとえそれが通い慣れた道だったとしても、ふと路地の奥を覗《のぞ》けば、そこに未知の世界が待ち受けている。幾度と無くそんな経験を重ねて来た。

路地裏細道。そこにあるのは長い時間である。今そこで実際に目の当たりにするものとは別に、その場所に秘められた人々の思い、辿って来た道筋、時間によって積み重ねられて来た歴史。語り継がれている物語。

本書ではそれらを含めて書き綴った。ただの観光ガイドではないと自負している。神社の鳥居や、お寺の仏像。それはたしかに今ここに存在しているけれど、それがここに至るまでには、様々な物語があった。そこを知ることで、より一層、京都旅が愉しくなるに違いない。

京都は時代都市である。その時代時代によって、顔を変える。顔だけではない。心根も変わってしまう。そこに思いを致さないと、目の前にあるもの以外、何も見えて来ない。

つまりはイマジネーション。京都を旅するにあたって、最も大切なのは想像力である。そしてそれを働かせるには、表通りではなく、路地裏細道の空気を味わうことから始めればいい。

誰も居ない路地。寝そべる猫だけが唯一の生き物。だが、そこには無数の魂が蠢《うごめ》いている。遠い過去。つい最近のこと。悠久の時の様々が路地裏には流れている。

それらをつぶさに辿ることが、一見、遠回りのようだが、京都を知る、一番の早道だろうと思う。どうぞ存分にお愉しみあれ。

京都の路地裏／目次

第三章　路地裏細道の不思議発見 65

第四章 路地裏細道の名店案内 91

地図作成　美創

第一章

京都の路地《ろーじ》

ろじ ではなく ろーじ

路地と書いて、どう読むか。これは相手が京都人か否かを判別する、リトマス試験紙のような役割を果たす。

百人が百人、ろじ、と読むだろうが、京都人なら間違いなく、ろーじと長く引っ張って読む。これは京言葉のひとつの特徴である、母音を長く引いて読むパターンの変形である。

歯と書いて、はー と読む。木は、きー。目は、めー。子供の頃からずっと変わらず、老人になっても、京都人はどこか間延びしたような、物言いをする。

表記だと、ただ引っ張っているように思えるが、実際の言葉の使い方は、母音を付け足すように聞こえる。歯は、はぁ。木は、きぃ。目は、めぇ。不思議なことに、この母音は、物事を柔らかく和やかにさせる効果がある。

たとえば小学校の歯科検診。一年生に向かって、

「歯を見せなさい」ではなく、

「歯ぁ見せてみ」だと、子供の恐怖感が幾らかなりとも和らぐ。

こんなふうに頭音を長い母音に読むことが多く、かくして路地は、ろーじ、或《あ》いは、ろ

ぉじ、と読まれているわけで、それ故、他の地方と同じ路地であっても、そこには京都ならではの独特の空気が流れているのである。

先に書いたように、母音が加わることで、言葉が丸みを帯びる。ろじ、だと何処かしら寂しげな、うらびれた印象を受けるが、ろーじ、だと何とはなしに、人の温もりのようなものを感じないだろうか。

僕が子供の頃だから、半世紀も前のことになるが、ろーじは子供たちのオアシスであり、ラビリンスであり、かつワンダーランドだった。見知ったろーじでは、かくれんぼや鬼ごっこ。見知らぬろーじだと、探検ごっこ。ふと気付くと他人の生活空間にずかずかと入り込んで、こっぴどく叱《しか》られたり、或いは優しいオバアサンに誘われて家に上がり込み、ジュースをご馳走《ちそう》になったりもした。如何《いか》なのんびりした時代とは言え、市電やバスがひっきりなしに行き交う表通りは幾ばくかの危険が伴い、それに比べると、路地裏や細道は安心して遊べる場を提供してくれていた。

きっとその記憶が抜けないのだろう。今も路地裏を歩くと、ほっと心が安らぐ。そしてありがたいことに、京都の街中を歩いていて、表通りから一歩中に入れば、そんな路地や細道は無数にある。

たとえば京都五花街のひとつ、祇園《ぎおん》。この中には数えきれないほどの路地があり、それは何も艶やかな祇園に限ったことではなく、機音が響く西陣《にしじん》、東西本願寺が伽藍《がらん》を広げる洛南に至るまで、京都の街には、あちこちに路地が潜んでいる。

ただ、この路地という言葉はいくらか曖昧《あいまい》で、正しくはふた通りの道筋を含み、その道の有り様によって使い分けている。

一般には細道であればすべて路地と呼んでしまうだろうが、京都においては、通り抜け出来ず、行き止まりになっている道筋を路地と呼び、通り抜けられる道筋は図子《ずし》と呼んでいる。これもしかし厳密に定められたものとは言えず、なんとなくそう呼んでいるようなところもあり、通り抜けられる道でも路地と呼ぶことも稀《まれ》にあったりする。

いずれにせよ、車も入り込めないような細道が縦横無尽、無数に存在しているのが、京都の街中の常。

と、ここでひとつの疑問がふつふつと湧《わ》き上がって来る。

京都の街を言い表す言葉に、〈碁盤の目〉がある。長安（現・西安）の都をモデルとして作られた平安京。東西と南北、整然とした道筋が交差し、いわゆる条坊制で作られた都であり、今もその遺構のままに、南北と東西の道路が碁盤の目のように、整った町並みを作っている。路地など出来る余地がないはずなのだが、実は京都の街には至るところに路地があって、それも不思議かつ複雑に入り組んでいる。なぜか。その因《もと》を作ったのは時の為政者たち、或いは権勢を誇った人々である。

路を曲げさせることができた人々

規則正しく東西南北に伸びる京都の大路小路だが、極く稀に、カーブを描き、不規則になる路がある。たとえば京都駅から北に向かって伸びる烏丸通《からすまどおり》。

烏丸通は、京都駅で分断されてはいるが、南は久世橋通《くぜばしどおり》から北は今宮通《いまみやどおり》に至るまで、地図で見ても一直線の大通りだ。が、途中七条通《しちじょうどおり》を北に進んですぐ、東へぐにゃりと曲がって、暫《しばら》くするとまた元に戻っている。長い道筋の中で唯一ここだけが蛇行しているのは、東本願寺があるからだ。

かつて烏丸通には市電が走っていて、その線路を敷設《ふせつ》する際、東本願寺の門前が混雑するのを避けるために、迂回《うかい》を余儀なくされた、その名残りである。如何な公共の交通機関といえども、権勢を誇る寺方には路を譲らざるを得なかったというのは、実に京都らしい話。

ただ道を曲げるだけでない。新たに道を作ったり無くしたりするのは、天下人。よくも悪くも、京都の街は豊臣秀吉なくしてあり得なかった。至るところに、秀吉の遺構を見ることが出来る。

京の路地は良くも悪くも秀吉のおかげ

たとえばお土居《どい》。京都に住まう者なら誰もが知る言葉だが、他県の方にはいくらか説明が必要だろう。

お土居とは、簡単に言えば、秀吉によって京都に作られた土塁のことで、これの内外で、洛中、洛外と分けたもの。

総延長は二十二キロ以上に及ぶと言われ、今もその姿を残しているところは少なくない。北は上賀茂《かみがも》神社《じんじゃ》の南西、京都市立加茂川《かもがわ》中学校の辺りから、南は東寺《とうじ》の南側まで。東は河原町通《かわらまちどおり》、西は西大路通《にしおおじどおり》近辺まで。

土塁の高さは概ね五メートル、底面の幅は二十メートル、頂点の幅は五メートル。台形に盛られた土塁で、ぐるりと京都の街中を囲ったのである。

ではこのお土居。一体何のために築かれたのかと言えば、これがどうも、よく分からない。京都全体を城に見立てて、城壁の役割を果たすため、とも言われるが、この程度の土塁で外敵の侵入を防ぐことは難しいだろう。或いは、お土居の東側が鴨川に接しているため、洪水を防ぐ堤防の目的で築いたのでは、という説もあるが、激しい流れを、はたして土で食い止めることが出来るかどうか。

単純に、洛中と洛外を分けたかったのだろう、という説が正しいように思う。緻密《ちみつ》な計算に基づいて画策するかと思えば、思いつきをすぐに実行するところもあり、なかなか他人からは理解されにくいのが秀吉の特徴。その思いつきの形が今に残っているのは、しかし大したことだとも言える。その名も土居町《どいまち》、という町名が今も洛内のあちこちに残っており、お土居そのものも何箇所か現存している。

たとえば北野天満宮《きたのてんまんぐう》にあって、秋の紅葉シーズンには多くが押し寄せる〈もみじ苑〉などはお土居に植えられた紅葉。もしくは京都御苑の東側にある『盧山寺《ろざんじ》』に残るお土居は史跡に指定され、石標が建っている。

壮大なお土居をあっという間に築かせた秀吉にとって、通りを付け替えたり、新しく通したりなどは、いとも容易《たやす》いこと。

Map E

天使突抜――秀吉の専横に対抗した都人の思い

京都でも最も広い通りに入るだろう、堀川通《ほりかわどおり》と五条通《ごじょうどおり》。この二つが交わる角を、東に南側なら二筋、北側だと三筋目に、東中筋通《ひがしなかすじどおり》という細道がある。この通りはかつて天使突抜《てんしつきぬけ》通《どおり》と呼ばれていて、今も界隈には天使突抜という地名が残っている。

天使突抜。いかにもロマンティックな地名で、乙女心をくすぐりそうだが、現実はそう甘いものではなく、秀吉の思惑によって新たに通された道に由来し、専横を極める秀吉に対する都人が皮肉を込めて名付けたと伝わっている。

今風に言うなら、都市計画となるのだろう。先に挙げたお土居と同じく、秀吉は京都の街を思いのままに作り変えようとした。その一環として、京都御所界隈の賑わいを、もっと南、今の京都駅辺りまで広げようとした。そのために一本の広い通りを作った。

当時、その途中には『五条天《ごじょうてん》神社』という由緒正しき神社があった。平安京遷都と同時に創建されたと伝わる社。あろうことか、秀吉はこの神社の中に道を通してしまった。

『五条天神社』は古く、『天使社』と呼ばれ、都人に愛されて来た神社である。その真ん中を突抜けさせるとは、なんたる横暴！　と憤った人々が、この通りを天使突抜と呼び、反骨精神を見せたもの。

これはほんの一例であって、秀吉を筆頭に、時の権力者たちは、京都を意のままにしようとして、多くの細道を作ったのである。

その一方で、条坊制で作られた大路小路では生活に不便をきたすとばかりに、町衆が入り組んだ路地を作ったところも少なくない。

現在の天使突抜は住宅街の中にぽつらぽつらと名残りを残す。

撞木図子――街の艶を残す、通称〝ビストロ図子〟 Map B

四条烏丸の近くにある撞木図子《しゅもくのずし》などが、その典型となるだろうか。この辺りは、京都一のビジネス街にありながら、人ひとり通るのがやっと、という路地が入り組んでいる。

ここにはイタリアンから、後述するうどん屋、居酒屋、ラーメン屋に至るまで、ビジネスマンのオアシスともなっていて、通称ビストロ図子には昼夜を問わず、多くの客が行き交う。

さて、その名前の由来だが、この図子がT字型をしていて、お寺などでよく見かける撞木（鐘などを打ち鳴らすT字型の棒）に似ていることから、そう呼ばれるようになったという。なんとも京都らしい話。

こうした趣きのある名の付いた路地もあれば、素っ気なく番号だけが付いた路地もある。その典型が京都五花街のひとつ、先斗町《ぽんとちょう》から木屋町《きやまち》へ抜ける路地。数えたことなどないが、少なくとも二十は数えるだろう路地の中には、通り抜け出来ないところもあり、そのことは、路地の入口にちゃんと明記されている。至極狭い路地の両側にも店が並び、そこに繋《つな》がる電線が蜘蛛《くも》の巣のように張り巡らされている光景は、ちょっとしたアートにも見えなくない。

たとえば消防法だとか、そういう問題をクリア出来ているのだろうかと、時折り気にはなるが、そういう次元を超越したところに、京都の路地裏や細道は存在しているのである。

無論、安全を確保することや、街の秩序を守ることは大事だが、それによって情緒が失われることは、決してあってはならない。

博多の屋台なんかも同じような定めなのだろうか。人が住む街には、多かれ少なかれ、危険が伴うものであって、安全、健全ばかりを優先すると、街から艶が無くなってしまう。

これこそが京都の背負っている命題であって、時代の流れに沿うべく変えていかねばならないところと、変えてはいけないところを、どう区別していくのか。その試金石ともなるのが、路地裏と細道。前近代的とも思える、これらの道筋をどんな形で残し、どういう風に整備していくのか。今も暮らしのベースとなっている図子と、観光客に向けて、その装いに磨きをかける路地とは少し勝手が違う。

その代表とも言えるのが〈あじき路地〉。ここには多くの店が集っているので後述することとする。

もうひとつ余談を。路地には当然のことながら住人が居るわけで、多くは市井の人だが、広く名の知れた住人が居ると、その名で呼ばれたりもする。

衣棚通――秀吉による区画施策「天正の地割」が残したもの　Map D

洛中の中心部にある、南北の細い通り、衣棚通《ころものたなどおり》は、平安京には無かった通りで、秀吉が新設したものだという。

ここでもまた秀吉の名が出て来る。いわゆる天正《てんしょう》の地割《じわり》。

時を遡《さかのぼ》り、平安京で作られた大路。ざっくりとした広い道ばかりで、通りに面した屋敷もあれば、そうでない家もあり、往時の公家や貴族にとって、それはどうでもいいことであった。

時は下って室町時代までになると、通りに面していないと商いに不利である上に、何かと不便なことが多くなり、ほぼすべての家が間口を通りに向ける形となった。と当然ながら、通りに面することのない真ん中は空き地となり、無駄なスペースとなった。これに目をつけたのが秀吉である。

真ん中の空き地をも街として活かすため、南北の通りを新設した。東は御幸町通《ごこまちどおり》から、西は黒門通《くろもんどおり》まで、十二本の通りを作ったが、東西の通りと比べて、南北の通りが覚え難いのは、そういうわけもある。

丸竹夷二押御池《まるたけえびすにおしおいけ》。姉三六角蛸錦《あねさんろっかくたこにしき》。四綾仏高松万五条《しあやぶったかまつまんごじょう》。京都に住まう者なら、子供でも諳《そら》んじているのが東西の通り。これに対して、御幸町通の西は、はたして何通りだったかと、頭の中に地図を浮かべないと、すぐには思い出せない。それは、ひょっとすると秀吉に対する思いの表れなのかもしれない。

さて、話を戻して衣棚通。その名の通り、呉服関係の店が多かったが、今は微かにその面影を残すのみとなっている。

三条通を烏丸から西へいったところの三筋目が、衣棚通になる。三条通から北は狭いながらも、車がゆったり通れる道だが、三条通から南は軽自動車なら何とか、というほどの細道になる。そしてその衣棚通は六角通《ろっかくどおり》で消滅してしまう。

了頓図子——天下人と茶人の交わりの跡

Map B,D

この三条通から南の通りは衣棚通となっているが、京都の人はここを了頓図子《りようとんのずし》と呼んでいて、その了頓とは人の名である。

京都市が立てた説明板には、廣野《ひろの》了頓邸跡とある。

足利家代々の従臣である廣野家は、足利義晴《あしかがよしはる》、義輝《よしてる》が将軍のとき、この地を領有し、その後、安土桃山時代になって、廣野家の末裔である了頓がこの地に茶亭を構えた。

入洛した秀吉は、間を置かずこの茶亭を訪ね、了頓に二百八十石の知行《ちぎよう》、すなわち支配権を与えたという。その後も茶人・古田織部《ふるたおりべ》同席のもと、徳川家康も又、この茶亭を訪れている。家康は秀吉に負けじと思ったのか、四百石の知行を了頓に授ける。

ふたりの天下人に重用された了頓だが、屋敷の表門から裏門まで、一般人の通行を許可し、近在の人々はその恩恵をこうむったと言われる。

屋敷を削って、衣棚通を通そうとした秀吉に対して、屋敷の中を自由に通り抜けさせることで、通りを阻んだ了頓。どことはなしに、トンチの一休さんを思わせる。

天下人と茶人の、安土桃山時代に交わされた遣り取りが、図子という形で今に残っている。これこそが路地裏細道の醍醐味である。

路地の愉しみ方　歩き方

そんな京都の路地をどう愉しむか。ただ闇雲に歩いたとしても、なかなかその真髄には出会えない。先ずは目的を絞ることから始めるのがいい。路地で何を愉しみたいのか。次章以降でご紹介するが、路地の愉しみは大きく四つに分けることが出来る。

ひとつに、路地裏ならではの不思議に出会うこと。

ふたつに、路地裏細道に鎮座する寺や神社を訪ねること。

三つに、裏道にある銘店を訪ね土産を買い求めること。

そして四つ目。きっとこれを目当てにされる方が多いだろうが、路地裏に潜む美味しいものを味わうこと。

地図を見ながら、これらを組み合わせて、路地に入り込むのが一番のお奨め。

一例を挙げるなら、『相国寺《しようこくじ》』から出町《でまち》界隈歩き。

先ずは『相国寺』の境内に建つ①『宗旦稲荷《そうたんいなり》』にお参りして、宗旦狐《ぎつね》の不思議をつぶさにする。境内を出て、寺町通を南に下り、②『大黒屋鎌餅本舗《だいこくやかまもちほんぽ》』で土産を買い、そのまま南下して、今度は③『野呂本店《のろほんてん》』で漬物を買う。④『幸神社《さいのかみのやしろ》』を拝観して、出町桝形商《でまちますがた》店街に入り込んで、⑤『満寿形屋《ますがたや》』で鯖《さば》寿司を味わう。

ざっとこんなルート。最寄りの駅は地下鉄烏丸線の今出川《いまでがわ》駅。一番出口を出て、少し歩けばすぐに『相国寺』が見えて来る。帰りは河原町今出川から市バスに乗ればいい。二〇五系統を始めとして、この停留所からは本数も多く、北へ行くにも南に行くにも、待たずに乗れるのが嬉しい。京都駅までは乗り換えなしで行ける。或いは出町柳まで歩いて、ここから京阪電車に乗るという手もある。祇園へ行くにも、大阪まで出るにも便利な電車だ。⑤までを歩き、最寄りの駅やバス停からの道のりを加えても二キロにも及ばない。ゆっくり歩いて、のんびり見て回り、買い物や食事の時間を加味しても三時間もあれば充分事足りる。

これを骨組みとして、更に肉付けしていくのも一興。せっかく『相国寺』まで足を運んだのだから、寺内の塔頭《たっちゅう》を順に見て廻《まわ》るのもいいし、『承天閣《じょうてんかく》美術館』を観るのもいい。もしくは地図を見て、もう少し歩けそうなら、賀茂川を渡って、下鴨神社まで足を伸ばすのも一興。その場合だと『洋食のらくろ』で洋食を食べるという選択肢もある。

そして、これが一番肝心なのだが、脇目もふらずに歩くことだけは避けて欲しい。ご紹

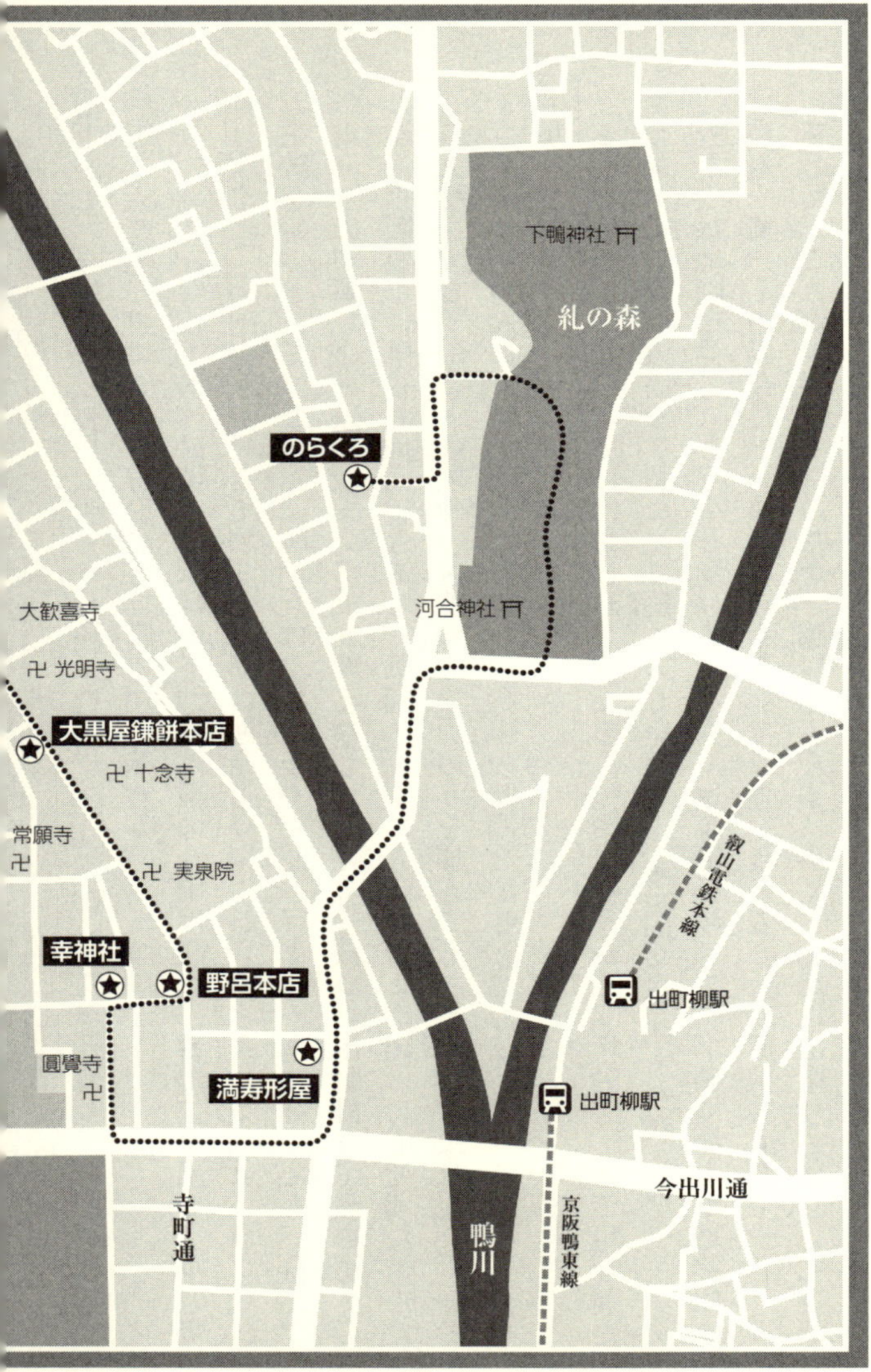

下鴨神社
糺の森
のらくろ
河合神社
大歓喜寺
光明寺
大黒屋鎌餅本店
十念寺
常願寺
実泉院
幸神社
野呂本店
満寿形屋
圓覺寺
叡山電鉄本線
出町柳駅
出町柳駅
今出川通
寺町通
鴨川
京阪鴨東線

路地歩きの一例
相国寺〜出町界隈
鞍馬口駅
長林寺
出雲寺
長得院
地下鉄烏丸線
豊光寺
大光明寺
相国寺
八幡宮
宗旦稲荷
林光院
普広院
光源院
今出川駅
同志社大学
今出川通
烏丸通
京都御所

介した場所や店以外にも、興味深いスポットは幾つもある。次章からご紹介しているのは、ほんの一部だと心得ていただきたい。それを承知の上で歩いていただき、ふらふらと脇見もし、気になるところがあれば寄り道をし、どんどん予定を変えて行く。ふと気付けば、地図にもない路地に迷い込んでいる。ある意味では、これが理想である。

四角四面の観光ではなく、自由気ままに歩き回り、自分だけのお気に入りを見つける。それこそが、路地裏細道の正しい歩き方、愉しみ方なのである。

路地にある店には、縁を結ぶ神さまが住む

路地裏細道の愉しみ。極めつけは美味しい店に出会うことである。

第五章で詳述するが、京都の細道には、数え切れないほどたくさんの美味しい店がある。そして、その殆《ほとん》どは小さな店。中には四畳半ほどの広さもない店だってある。隣の客と肩が触れ合うようなカウンター席だから、店中に魅力が溢《あふ》れているのだ。

京都切っての繁華街。河原町三条から北に上って、細道を東に入った辺りに、かつて僕がこよなく愛した鮨屋《すしや》があった。

鮨屋といっても、客席数はわずか数席。店の奥のトイレに行こうと思えば、椅子から立

ち上がって、通路を開けてもらわないと行けないような、至極小さな店だが、当時は、京都では未だ珍しかった正統派の江戸前鮨で、祇園辺りの有名鮨店に比べると、値段もこなれていた。時には家族を連れて、もしくは東京からの客人も連れ立って、何かと言えば暖《の》簾《れん》を潜るほどに通い詰めていた。

そうして繁盛すると、手狭な店では物足りなくなって来るのだろう。程なくして数倍のスペースを持つ大きな店へと移転した。

移転当初は以前と変わらぬ商いだったのが、大勢の客を迎えるうち、経営方針も転換したようだった。僕の身の丈に合わない店になり、自然と足が遠退き、ついには途絶えてしまった。今も繁盛しているのだろうか、と時折り気にはなるが、風のウワサにも届いて来ない。

鮨屋が移転して行った後、今度は洋食屋が店を開いた。これも又僕の好みにぴったり合っていて、以前の鮨屋同様、ここにも通い詰め、メディアにも繰り返し紹介した。

どれくらい経っただろうか。記憶が薄れてしまっているが、この洋食屋も、手狭を嫌って、鮨屋と同じく数倍の広さの店に移転した。

同じように、僕にとっては、以前のような心地良さは感じられなくなり、まったく足が向かなくなった。ところがここは今も相当繁盛しているようで、メディアへの露出も多い。移転が成功したのだろう。

これは僕に限ってのことなのかもしれないが、路地裏の小さな店で、カウンターを挟んで遣り取りする魅力が、大きな店になると失われていくように思えてならない。目の前の数人には行き届いても、大きな店になると気配りが手薄になるのは、物理的にも仕方がないところ。自然、他の誰かの手を借りねばならず、スタッフ教育にも時間を割かねばならなくなる。料理を作り、すぐ前に居る客の相手をするだけで良かったのが、余分な仕事を抱えてしまう。これが店の有り様を変えてしまうのは、やむを得ないだろうと思う。

やはり野に置け蓮華草《れんげそう》。

路地裏の銘店で食事を終え、店を出るときに、自然とそうつぶやいてしまう。無論、店を大きくして、更なる繁盛を目指すのは、店の経営という観点から、決して間違ってはいないし、それが大成に繋がることもあるのだろう。だが、客というのはいつもワガママなもので、自分だけの小さな店として、取っておきたい気持ちが何処かしらにあって、その思いが叶《かな》わなかったと落胆してしまうことだって少なくないのだ。

路地裏細道には、きっと縁結びの神さまがいらっしゃる。或る時から僕はそう思うようになった。

路地裏に入り込んで、そこに寝そべる猫だって、愛おしく感じてしまう。生き物だけではない。格子窓から漏れて来る灯り、小屋根の上の鍾馗《しょうき》さま、琺瑯《ほうろう》の看板に至るまで、何もかもを好ましく感じてしまう。

それはきっと、そんなところにこそ、路地裏の様々と、そこに入り込んだ人との間を取り持つ、縁結びの神さまが居られるからだろうと思う。

人と動物、人とモノだってそうなのだから、人と人になれば、その結び付きを更に高めてくださるのだろう。

畢竟《ひっきょう》、路地裏とはそうしたものなのである。細道だからこその息遣いがあり、それを感じることによって、心は穏やかになり、安らぎを感じることになる。それがすなわち、居心地の良さ、という言葉になる。

同じ料理人が、同じような料理を作り続けたとしても、路地から離れることで縁が切れてしまうのは、そうした理由に依るのではないかと思っている。

路地裏や細道には多くの神さま、仏さまがいらっしゃる。不思議に満ちた路地もある。

名にし負う店もあれば、美味しい店も幾らでもある。それらが路地裏にある限り、ご縁を結んでくださる神さまがおられる。どうぞ素敵な縁を紡いでいただきたい。

第二章 路地裏細道の神さま仏さま

地図に載らない京都の寺社

京都の寺社の中で、絶大な人気を誇るところは、概ね目立った場所にある。清水寺や金閣寺、平安神宮など、航空写真でもすぐに判別出来るほど、広々と伸びやかな空間にその境内を広げている。無論それらの寺社は見るべきものもたくさんあり、京都を訪れたなら、一度は足を運んでおきたい。

その一方で、見過ごしてしまいそうな路地裏や、名も無き細道の奥にひっそり佇《たたず》む寺社もまた、京都ならではの魅力を湛《たた》え、そっと手招きしている。グーグルマップを最大限まで拡大しても、緑の小さなエリアだけが表示され、寺社の名前など、まったく記されていない。そんな小さな神社や寺が、京都の街中に、無数にあると言ってもいい。地図には載っていなくても、近所に住む都人なら、誰もがその存在を知っている。

世界遺産でもなく、著名なパワースポットではないものの、古くから都人に愛されていたり、不思議な謂《いわ》れを持つ寺社など。路地裏細道の神さま仏さまの幾つかをご紹介しよう。

京の街角のあちこちにいる地蔵さま

あの世には極楽と地獄がある。ということになっている。誰もそれをたしかめたわけではないので、断定は出来ないが、どうもそのようになっているらしい。

閻魔《えんま》大王の判決を受けて様々な責苦に遭うよりは、叶うならば、麗しい花が咲き乱れ、鳥たちが鳴き声を競う極楽に行きたいと願う。だが、生前に犯した罪ゆえか、極楽浄土に往生の叶わない衆生は少なくない。

自らの行いを省みれば、地獄へ堕ちるのは仕方がないとして、それでも何とか少しでも苦を和らげてくれないものだろうか。そんな、ささやかな願いを叶えてくださるのが地蔵菩薩《ぼさつ》さまである。

そういうわけで、よほど京都には極楽浄土へ往生出来なかった衆生が多かったのだろうか。洛内の至るところに地蔵菩薩が祀《まつ》られている。京言葉でいうところの〈お地蔵さん〉。

ずっと京都に住み続けてきて、孟母三遷《もうぼさんせん》ではないが、住まう場所を変えること十度あまり。幼子の頃から、老いの域に入った今日まで、その都度お地蔵さまと一緒に過ごして来た。

八月一五日の盂蘭盆《うらぼん》を過ぎ、夏の終わりが近付いてきたら地蔵盆が始まる。主役は子供たちだ。

町内には必ずと言っていいほど、地蔵菩薩を祀った祠《ほこら》があり、地蔵盆になると、その周りに集って、先ずは念仏を唱え、子供たちの無事と成長を願う。同じ町内に住まう年寄りと子供たちが他愛のない遊びに興じ、福引などの余興を共に愉しんで一日を過ごす。

京都に住む者にとって、町内の役員を引き受けることは、すなわちお地蔵様のお世話をし、地蔵盆のあれこれを計画し、実行することにあると言っても過言ではない。それほどに京都の街中で、お地蔵さまの存在感は大きいものがある。

わざわざ探すまでもない。細道から路地に入って、その奥を覗きこめば、必ずや、小さな祠の中にお地蔵さまがいらっしゃる。花を供え、前掛けを新調し、線香を手向ける。町衆が守り続けるお地蔵さまに手を合わせる。そこから、路地裏細道の神さま仏さま巡りを始めるのが常道なのである。

幸神社——都の鬼門を守る

Map **F**

ふた昔ほど前に、北海道の幸福駅が話題になり、〝幸福行きの切符〟が人気を呼んだことがある。それに倣えば、人気を集めてもおかしくないと思うのだが、洛中の便利な場所にありながら、境内はいつもひっそりと静まり返っているのは、細道の奥にあるせいだろうか。その名も『幸神社』。サチジンジャではなく、サイノカミノヤシロと読む。

多くの人がご存知のように、京都においては、その場所を説明するのに、南北の通りと東西の通りが交わる場所を言えば、一番分かりやすい。そして、そこから北へ行くときは「上《アガ》ル」、南なら「下《サガ》ル」。東へ行く場合は「東入《イ》ル」、西なら「西入《イ》ル」、だ。

たとえばこの『幸神社《さいのかみのやしろ》』なら、寺町今出川上ル、一筋目西入ル。地図を頼りに歩けば、これで間違いなく辿り着ける。

余談になるが、『幸神社』は、行列の出来る店として知られる餅菓子屋『出町《でまち》ふたば』から、歩いて五分とかからない。ところが、訪れる人の数で言えば、比べものにならないほど参拝者は少ない。ちなみに、『出町ふたば』に行列を作らせる〈豆餅《まめもち》〉は無論美味しいのだが、せっかくの機会なので、足を伸ばしておきたいところ。

多くの寺を集めた通りだから寺町通。北は鞍馬口通《くらまぐちどおり》から、南は五条通まで、洛中を南北に貫く通りなのだが、様々な経緯を経て、南へ行くほど寺は少なくなり、寺町通という通り名にふさわしい光景が広がるのは、今では今出川通以北の、この界隈だけとなった。

その寺町通の東側に『幸神社』の石標が建っている。これを目印にして、薬局の角を西へ入ると、やがて右手に石の鳥居が見えて来る。車一台通るのがやっとという細道に建つ神社はしかし、その由緒は極めて正しく、一説によると平安京最古の創建とも伝わっている。

鳥居の額には『幸神社』とあるが、右手の石標には『出雲路《いずもじ》幸神社』と刻まれている。そしてその上には、皇城鬼門除の文字がある。

これは、皇城、すなわち天皇のおわします御所の鬼門除として、重要な役割を担っている神社であることを表している。そしてその印として、境内拝殿の瑞垣《みずがき》（神社の周囲に巡らした垣根）に、御幣《ごへい》（神道の祭祀《さいし》で使われる幣帛《へいはく》のひとつ）を持つ猿の絵馬が、たくさん掛かっている。

鬼門、猿。——この謎を解く鍵は、この社より南、「京都御所」の中に隠されている。

広大な敷地を持つ京都御苑の中にある京都御所。この北東の角が鬼門と呼ばれる箇所だ。北東、つまり丑寅《うしとら》の間は、陰陽道《おんみょうどう》で言うところの、鬼が出入りする、忌むべき方角。この角は、猿が辻とも呼ばれ、鬼門を猿が護っていると言われる。

なぜ猿かと言えば、丑寅の反対方向が申《さる》だから、とも、魔が去る、から猿になったとも言われるが、定かではない。が、猿を護り役と決めたからには、鬼門に配しなければならない。

という訳で、この〝猿が辻《つじ》〟の塀の上をよく見ると、ちゃんと御幣を持つ猿が鎮座している。そしてそれと同じ猿が『幸神社』にも居るのである。

幸神社の社殿の東北の隅。見上げると木彫の猿が御幣を担ぎ、東北に睨《にら》みを効かせている。実はこの猿は、元々御所の猿が辻に置かれていたのだが、多くの目に触れぬよう、こちらに移されたとも伝わっていて、一説では左甚五郎作の貴重なものだとも言われている。

御所と『幸神社』ダブルで都を護っているかと思いきや、ここから更に北東へ辿った『赤山禅院《せきざんぜんいん》』にも、更に北東にある比叡山を越えた『日吉大社』にも猿が鎮座し、四重の構えで京都御所を護っているというから、よほど鬼門を恐れていたのだろう。

細道の奥にひっそり佇む小さな社が、そんな重要な役割を果たしているとは夢にも思わないだろうが、それが京都という街なのである。

それだけではない。更に興味深い事実がこの小さな社に隠されている。それは歌舞伎の起源にまつわる話。

歌舞伎は、「傾《かぶ》く」すなわち傾《かたむ》くの意を語源としていると言われ、派手な衣装を付けて、一風変わった踊りを踊る一団を〈傾き者〉と呼んだことから、今の歌舞伎に繋がったと言われている。

〈傾き者〉の踊りを、かぶき踊りと呼び、その創始者として知られているのが出雲阿国《いずものおくに》。

鴨川に架かる四条大橋の畔《ほとり》にその像が建っていることから分かるように、師走に顔見世興行が行われる『京都南座』が、阿国歌舞伎発祥の地。つまり日本の歌舞伎はこの場所から、出雲阿国という女性によって始まったものと言える。

そしてその出雲阿国は、この『幸神社』の稚児、巫女《みこ》をしていたという説があるのである。その繋がりを示しているのが、鳥居横の石標に刻まれた〈出雲路〉の文字だ。

先述の寺町通を東に越えて、しばらく行くと賀茂川に出る。今もこの辺りには出雲路という地名が残り、出雲路神楽町《かぐらちょう》というバス停もあるくらいだ。阿国はこの出雲路で生まれ、『幸神社』に奉仕しながら、賀茂川を下り、四条河原辺りで歌舞伎踊りに興じていたと言われる。

日本の国体の根幹を成す天皇の御所を護り、日本の伝統芸能の代表とも言える歌舞伎の発祥に大きく関わった神社が、細道の奥に建っていることは、何とも興味深い。だから細道、路地裏巡りはやめられない。

御金神社——財運、金運祈願の参拝者が絶えない

Map D

ついオカネジンジャと読んでしまいがちだが、正しくはミカネ。鉱山を司る神の金山彦命《かなやまひこのみこと》を主祭神とする、金属全般、刀剣武具、農耕機械を護るという、全国的にも珍しい神社も又、西洞院通《にしのとういんどおり》の御池通上るという、細道に在る。

この神社の見どころは大きくふたつ。ひとつには金色に輝く鳥居。今ひとつは本殿の裏にそびえる大銀杏《いちょう》の木。樹齢二百年を超えると言われる大木は、幹周り二・二五メートル、樹高二十二メートル強。そしてその枝の切り口は二匹の龍に見えるという不思議。二匹の龍が絡み合っているようにも見えることから、縁結びの御利益があるとも言われている。

金属関係のみならず、財運、金運祈願の参拝者が後を絶たない。そのせいもあって、オカネジンジャだと思い込んでいる人も少なくない。

至極小さな社で、社殿が建立されてから百数十年しか経っていないが、この社には月読尊《つくよみのみこと》も祀られていて、月読尊は夜の神さまであるから、夜間にお参りする人も少なくない。お守りや絵馬などは無人授与。銀杏の形に、丸金の朱文字が珍しい絵馬が人気。願い事を書いて境内に吊るすもよし、旅の土産に持ち帰るのも一興。

銀杏を象《かたど》った絵馬には、「お金神社さま。どうぞ三億円の宝くじが当たりますように」などと書かれている。

やんごとなき都でありながら、いきなり、こんな生臭い願い事を絵馬に書くのも又、古き都ならではのこと。金の鳥居を撮影し、それを待ち受け画面に設定するだけで、金運が上昇するなどという、まことしやかな噂《うわさ》が流れてはいるが、真偽の程はたしかめようもない。是非ご自分でお試しいただきたい。

武信稲荷神社——境内のエノキの大木は何を見てきたのか

Map D

この神社の存在が少しばかり知られるようになったのは、NHKの大河ドラマで坂本龍馬が主役となった頃から。それでも知る人は少なく、京都人でもその在り処を尋ねられて、はたと首をひねることとなる。

千本通三条を東に進み、四筋目を下ったところにある小さな社の名は『武信稲荷神社《たけのぶいなり》』。つまりはお稲荷さん。

先の『御金神社』と同じく、社は大きくないが、木は大きい。ひときわ目につくのが、京都市の天然記念物に指定されているエノキの大木だ。そしてこの大木こそが、坂本龍馬ファンの人気を呼んでいる理由なのである。

幕末の頃。この神社のすぐ前に六角獄舎《ろっかくごくしゃ》があり、そこには龍馬の恋人である、おりょうの父親が捕らえられていた。龍馬とおりょうが獄舎を訪ねるものの、面会は叶わず、やむなくふたりは、この大エノキに登って、獄舎の中の様子を探ったという。

爾来《じらい》この木は、ふたりの思い出の場所となり、やがて龍馬が幕府に追われ、逃亡生活を余儀なくされたとき、この木の幹に〈龍〉の一字を刻み、おりょうに無事を知らせたというエピソードが残されている。それ故、龍馬ファンが足を運び、縁結びを願う人々が鳥居を潜る。

史実かどうかは定かでないが、そんな逸話が残る木の下に立つと、少なからず感懐を抱く。

龍馬の時代から遡ること七百年ばかり。栄華を誇った平重盛が、安芸の宮島、厳島《いつくしま》神社から苗木を採り、ここに植えたと伝わる大エノキ。多くの栄枯盛衰をつぶさに見て来たのだろう。小さな社で古き時代に思いを馳《は》せるのも京都歩きの醍醐味。

菅大臣神社　北菅大臣神社──「飛梅伝説」に思いを馳せて

Map E

京都で〈天神さん〉と言えば、大抵は『北野天満宮』を思い浮かべるだろうが、縁の深さから言えば、『菅大臣神社《かんだいじんじんじゃ》』に軍配が上がる。何しろ菅原道真はこの地で生まれたと伝わるのだから。

四条烏丸の近く、仏光寺通と新町通が交わる角を西へ。仏光寺通を挟んで、南北にふたつの石の鳥居が見える。北側にあるのが『北菅大臣神社』で、南側が『菅大臣神社』または『菅大臣天満宮』。

『北菅大臣神社』は路地の奥まったところにあり、その路地の入口には〈菅家邸址〉と刻まれた石碑が建っている。つまりはここに菅原道真公の屋敷があったという徴《しるし》。

一方で、南側の『菅大臣神社』には〈天満宮降誕之地〉と刻まれた石碑がそびえ立っていて、ここで生まれたという徴。ふたつとも実に由緒正しき天神さんなのだが、路地奥にあるせいか、参拝客の姿はほとんど見掛けない。両側に民家が建ち並び、なんとなく窮屈そうな神社。北野の天神さんとは大きな違い。

奥に伸びる、鰻《うなぎ》の寝床風の境内には、天神さんらしく、神の使いとされる牛が祀られている。

天神さんと牛。これには深いわけがあって、そもそも道真公が丑年の生まれだということもあるが、左遷されて大宰府へ向かう道真公を、牛が泣いて見送ったとか、刺客に襲われた道真公を牛が身を挺して守ったなどの逸話が残っていて、それ故天神さんでは、牛がつきものとなっている。牛を撫でるとご利益があるとされ、とりわけ牛の頭をさすると、道真公並みに頭脳明晰になるとされている。

決して広いとは言えない境内だが、産湯の井戸と呼ばれる、道真公の産湯に使われた井戸も現存し、更には、有名な飛梅《とびうめ》の歌はここで詠まれたと伝わるなど、なかなか趣深い神社である。

―東風《こち》吹かば　匂ひおこせよ梅の花　主《あるじ》なしとて春な忘れそ―

道真公の無念は風と共に、はるか西へと飛び、一夜のうちに大宰府に降り立った。その故事にちなむのだろう、この社から烏丸通を東へ越えた界隈には、匂天神《におうてんじん》町という風雅な町名が付けられている。

ところでこの飛梅伝説。他に、桜と松もあったことは存外知られていない。

道真公を慕っていたのは梅だけではない。同じ庭にあった桜は、主が遠くへ去って行ってしまうと知り、悲嘆にくれ、涙を流すかのように葉をはらはらと落とし、あっという間に枯木と化してしまった。

松と梅は主の後を追うように、西へ西へと空を飛んだが、松は途中で力尽き、摂津国《せっつのくに》の板宿《いたやど》の丘に降り立ってしまった。今の神戸市須磨区だ。ここに『飛松天神社《とびまつてんじんじゃ》』として、道真公が祀られている。これが飛松伝説。

　飛梅伝説は知っていても、北野の天神さんだけを訪ねていたのでは、きっとそこまで思いを馳せることはない。路地裏細道の神社を訪ね、賑わいもなく、寂寞《せきばく》とした空気の中に身を置き、道真公の無念に想いを寄せて、はじめて松や桜のことが気にかかるようになる。人の行く裏に路あり、花の山。

三嶋神社――知る人ぞ知る霊験あらたかな子授けの社

Map エ

　路地裏の小さな社寺を訪ねると、大抵ちょっとしたエピソードが残されていて、目の前にある社寺の姿以上に、広く様々な情景が頭に浮かぶ。そしてまた、得も言われぬ不思議にも出会う。

　東山区馬町《うままち》。今の国道一号線、昔で言う東海道を挟んで、北側には大谷祖廟《おおたにそびょう》が広大な敷地を広げているが、南側は民家が建て込む坂道になっている。そんな一角に、神社とは呼べないほど小さな祠が建っている。その名を『三嶋《みしま》神社』と言い、鰻を神の使いとして祀る珍しい神社である。

　三嶋と言えば三嶋大社。静岡県三島市にある神社はよく知られるが、そこもまた鰻との縁は深い。三嶋大社の境内にある神池《しんち》には昔はたくさんの鰻が棲《す》んでいて、それ故のことか、この神社の周囲にはたくさんの鰻屋があり、今や三島名物といってもいいほど。だがその三嶋大社とて、鰻を祀っているわけではない。何故この、京都の小さな社は鰻を祀っているのか。

そのわけは、この神社の祭神である大山祇命《おおやまつみのみこと》の使いが鰻だからである。そう言われてもまだピンとは来ない。全国に大山祇命を祀る神社は山ほどある筈で、それらの社が皆、鰻を祀っているわけではない。何故ここだけなのか。

そんなことを考えながら、マンションの奥にひっそり佇む神社を訪ねると、鰻が描かれた絵馬が吊るされている。水を表していると思われる青色が綺麗な絵馬だ。よく見ると、鰻が二匹背を向けているのと、三匹の鰻が同じ方を向いて魚体をくねらせている絵馬がある。これもまた謎だ。

その謎を解く鍵になる写真を、社務所で見つけた。

秋篠宮夫妻がこの社をお訪ねになったときの写真である。二度参拝され、二〇〇六年に親王が誕生している。数多《あまた》ある京都の寺社の中で、京都人ですら、その存在を知らないほど小さな神社を二度も参拝する。その理由はきっと、ただひとつ。鰻を祀る神社はまた、霊験あらたかな子授けの社でもあったのだ。

　ということで、二種類の絵馬。二匹の鰻が背を向けている方が子宝祈願、三匹の方は安産祈願だそうだ。そして両方の絵馬に描かれている〈三〉の紋様は三嶋神社のシンボルで、土の徳、火の徳、水の徳、の三つの徳を表しているという。

　木、火、土、金、水。陰陽五行信仰の前には、土、火、水の三徳信仰があったといい、その三つの要素を併せ持っているのが鰻なのだそうだ。

　鰻はしかし、神の使いなのだから、子宝祈願の場合は出産するまで、安産祈願の場合はお礼参りをするまでは、鰻を食べてはいけないというから、鰻好きには辛い。

　今でこそ、ひっそりと佇む小さな社だが、古く平安の頃には子授けの神社として広く知られていたらしく、後白河天皇の中宮も祈願に訪れていたと伝わる。鰻、子宝、小さな神社にも深く長い歴史がある。

達磨寺――知る人ぞ知る紅葉の名所　Map A

　ＪＲの山陰本線に円町《えんまち》という駅がある。京都駅から嵐山へ向かう途上、丹波口《たんばぐち》、二条に続いて三つ目の駅。京都に住まう者なら誰もが知る地名。だがその名の由来を知る人は少ない。

よくよく考えてみれば不思議な地名である。円の町。これを円と読み、丸を連想し、何とはなしに和やかな地名だと長く思って来たが、調べてみると、まったく違った話だった。古く京都には、東と西、ふたつの獄舎があったという。東は今の京都府庁の辺りで、西はこの円町付近と言われている。それが語源らしいと言われても、何のことやら、さっぱり分からないが、獄舎に居る人を、囚われの身、と言い換えれば、少しばかり答えに近付く。

円という字は、正しくは圓と書いたのだが、この字には、囚人を囲むという意味もあるようで、そこから円町という名が付いたと言われている。西囚獄と書いて、にしのひとや、と読んだこの地は、多くの罪人がここで斬首されたと伝わる。

都というものは、ついつい華やかなイメージばかりが浮かび上がるが、人が集まれば罪を犯す者も多く現れ、仕置場所も必要になったわけだ。

さて『達磨寺《だるまでら》』。その円町を北に上って三筋目、下立売通《しもだちうりどおり》を東に入ったところにある。正式名称は『法輪寺《ほうりんじ》』。釈迦如来を本尊とする、臨済宗妙心寺派の寺である。

通称が示す通り、この寺は七転び八起きの達磨をたくさん蒐《あつ》めていて、その数およそ八千体と言われている。「衆生堂《しゅじょうどう》」や「起き上がり達磨堂」に入って、大小様々おびただしい数の達磨に囲まれると、何やら不思議な気持ちになる。八方睨みの龍（龍安寺の天井に描かれた龍で、どこにいても龍の視線に追われているように見える）と同じで、ありとあらゆる達磨に終始睨まれているようで、思わず背筋が伸びる。

しかしこの『達磨寺』。見るべきは達磨だけではない。

「キネマ殿《でん》」と名付けられた部屋には映画関係者百人を超える位牌《いはい》が鎮座していて、知った名前を見つけるのも一興。そしてこの寺の本命とも言えるのが庭である。

本堂の東庭は〈十牛の庭《じゅうぎゅう》〉と呼ばれ、禅の悟りに至る修行の十過程を、牛に喩えて表現したもの。縁側に腰掛けてじっと庭を眺めるうち、悟りが開ける……かどうかは定かで無い。

この庭を見るべき時期は、秋も深まった頃。

庭に植えられた楓《かえで》の紅葉が実に見事なのである。枝ぶりも良く、石と苔を背景にして色づく紅葉は息を呑《の》むほどに美しい。紅葉の季節ともなれば、京都の主だった名所は人で溢れかえり、情緒も何もあったもんじゃないが、知る人ぞ知るこの寺を訪れる人は少なく、じっくりと京の紅葉を堪能できる。紅葉の穴場としても、是非覚えておきたい寺である。

梅林寺と稲住神社――陰陽師ゆかりのパワースポット

Map エ

京都駅の西。梅小路《うめこうじ》といえば、蒸気機関車館、京都水族館がある場所としてよく知られていて、観光客の姿が絶えない場所となっている。時候の良いときなら京都駅から、ぶらぶらと歩いて行けることもあり、些《いささ》か京都という街には不似合いとも思える水族館の人気もあって、賑わいを集めている。

そんな梅小路一帯が、かつては陰陽師《おんみょうじ》一族の邸宅があった場所だったということは、存外知られていない。

陰陽師といえば安倍晴明《あべのせいめい》。その子孫である土御門《つちみかど》家の屋敷が梅小路にあった。土御門家ゆかりの寺社がふたつあって、そのひとつが『梅林寺《ばいりんじ》』。

JR東海道本線の西大路《にしおおじ》駅を降り、西大路通を北へ歩くと、八条通と交差する。そこを東へ進むとやがて線路に行き当たる。この御前通《おんまえどおり》を北に三筋辿ると『梅林寺』に行き着く。寺内を拝観するには予め申し込んでおく必要があるが、この寺こそが土御門家の菩提《ぼだい》寺、すなわち遡れば安倍晴明ゆかりの寺ということになる。

諸般の事情があって、一時は若狭《わかさ》に身を寄せていた土御門家だが、関ヶ原の戦いの後、徳川家康に見出され、復権を果たして梅小路に邸宅を構える。これを機に、全国に居る陰陽師の総元締めとなり、絶大な権力を誇ることになる。

陰陽師の依って立つところは、陰陽五行思想《いんようごぎょう》なのだが、日本人の手による最初の暦である〈貞享暦《じょうきょうれき》〉が作られると、中国唐伝来の〈宣明暦《せんみょうれき》〉から切り替えられ、江戸幕府は天文方を置くこととなり、土御門家の影が薄くなる。

その後何度か復権を果たそうとした土御門家だが、日本の近代化には抗しきれず、明治二年（一八六九年）に家は絶えてしまう。

この寺の境内墓地には、歴代土御門家の墓がある。土御門家は広大な屋敷の中に、今で言う天文台を設けていたと言われ、今の梅林寺の前庭にもその名残りでもある、東西南北を現す十字が刻まれた台石が残っている。

山門横には、平安時代中頃の作といわれる大日如来像が祀られているが、それはもともと、東寺に対する「西寺」にあったものと伝わっている。

その『梅林寺』の前の道を西へ少し進むと、狭い路地の奥に、小さな石の鳥居が見えて来る。これが『稲住《いなずみ》神社』。

明治以前には、この辺り一帯に池があり、それを囲むような広場に農家が稲の束を積んだことからその名が付いたという。

狭い路地の奥にあって、寂れた空気が漂う神社。

小さな祠の中、切り株の上に祀られた「魔王尊《まおうそん》」が、如何にも陰陽師ゆかりの神社らしい妖しさを湛えている。

魔王尊といって真っ先に思い浮かべるのは、洛北の『鞍馬寺《くらまでら》』。本尊は、「千手観音《せんじゅ》」「毘沙門天」「魔王尊」の三位一体で構成され、総称して「尊天」というようだが、ここでもやはり「魔王尊」の存在感が際立っている。

そもそも「魔王尊」は、六百五十万年前に金星から地球に飛来し、人間のように見えて、しかし普通の人間とは身体の成り立ちがまったく違うのだそうだ。それ故、十六歳からは歳を取らず、永遠にその若さを保つのだという。となれば、この切り株の上に鎮座する「魔王尊」は十六歳の青年ということになる。何とも不思議に満ちた話だが、それが何故この場所に納められているのかも不思議だ。

今流行《はや》りのパワースポットという言葉を、僕はあまり好まないのだが、『鞍馬寺』はその霊性ゆえ人気を呼んでいると聞く。更に陰陽師安倍晴明ゆかりの『晴明《せいめい》神社』も同じ理由で隆盛を極めているようだ。ならばこの『稲住神社』の「魔王尊」も、後に続くやもしれぬ。何しろ「魔王尊」プラス安倍晴明ゆかり、二重のパワースポットとなっているのだから。

今はしかし、空き地に物置小屋が並ぶような形で祀られているのが、どうにも寂しい。先に書いたように、〈貞享暦〉が作られて、江戸幕府は天文方を置くことになると、それが引き金となって、陰陽道を標榜する土御門家が廃れていった。実はその天文方こそ、冲《うぶ》方丁《かたとう》の小説『天地明察《てんちめいさつ》』で一躍名を馳せるようになった渋川春海《しぶかわはるみ》で、その春海が土御門家の協力を得て、この場所に星台、すなわち今でいうところの天文台を、貞享元年（一六八四年）に建てたのである。

その功績が認められた春海は、初代の幕府天文方に就任し、二年後には江戸に移り住むことになる。栄転ということだ。その一方で土御門家はますます影が薄くなり、およそ二百年の後、家は絶えてしまうのである。

栄枯盛衰。陰陽師一族も、西寺も滅び行き、しかしその名残りだけは今もちゃんと残っている。表通りの華やかな場所ではなく、まさに、ひっそりと佇んでいるところが哀れを誘う。

粟嶋堂宗徳寺――女性の守り神として古来より慕われた

Map エ

あわしまさん。京都ではそう呼ばれ、町衆から親しまれている『粟嶋堂宗徳寺《あわしまどうそうとくじ》』は京都駅からもほど近く、気候の良いときなら、歩いて行くことも充分可能な距離にある。

堀川塩小路《しおこうじ》。リーガロイヤルホテルの北側の道を西に進むと、道が狭くなる手前角に寺が見えて来る。

歴とした西山浄土宗の寺だが、神仏習合の流れを汲《く》んで、粟嶋大明神を祀る粟嶋堂を持つことが、この寺を特徴付けている。

粟嶋大明神。粟嶋は淡島と書くことも多い。和歌山の加太浦《かだのうら》に建つ淡嶋神社が総本山とも言われており、俗に言う婦人病にあらたかとされる淡島信仰を今に受け継ぐ神社である。

古くは江戸時代、半僧半俗の立ち位置で、一見すると乞食坊主のような遊行者が、粟嶋大明神を祀った神棚を背負って、鈴を鳴らしながら縁起やご利益を説いてまわったという。

これによって全国津々浦々にまで広まったのが、〝あわしま信仰〟であり、女性の守り神として信仰を蒐めた。その象徴として供養の対象となったのが、人形と針。

針供養は一旦置くとして、人形供養について少し。

雛《ひな》人形を始めとして、古来より女性に人形は付き物だった。自分の分身とも言えるような人形が何かの理由で不要となったときに、簡単に捨てるわけにはいかない。人形はまさに人の形をしているのだから、単なるモノとは言い辛い。ねんごろに供養する必要があるのを、あわしまさんが一手に引き受けてくれるようになったというわけだ。

そこで改めて境内を見てまわると、いくつかのお堂の中に、おびただしい数の人形が納められているのが見える。雛人形だけでなく、市松人形や西洋人形、五月人形からぬいぐるみまで、ずらりと並ぶ様は圧巻とも言えるし、いささか薄気味悪いと言えなくもない。こんな人形を家に置いて、枕元なんかにあったりすれば、悪い夢でも見てしまいそうだ。

中でひときわ目を引くのが花嫁人形。綿帽子をかぶった白無垢《しろむく》姿、高島田に付けられた角隠しが儚《はかな》げにうつる打掛姿。

哀愁を帯びたメロディーが浮かんできそうな花嫁人形。戦死した息子を哀れんで、母親が霊前に供えたものも多いと聞く。どこから、どんな理由があって、この寺に納められたのか。どんな思いを持って供養したのだろうか。つい目頭が熱くなってしまう。

境内には与謝蕪村《よさぶそん》の句碑が建っている。

「粟嶋へ　はだしまゐりや　春の雨」

娘の病気平癒のためにお参りした蕪村がここで、島原の娘が素足でお百度を踏むのに出会って、詠んだ句と言われている。

春の雨はしとしとと降る。雨に濡れることもいとわず、裸足で百度を踏む娘は遊女だったのだろうか。無情とも思える雨よ止んでくれ、きっと蕪村はそう思ったに違いない。

情にあつい蕪村ならではの句と言えるが、はて、俳人蕪村は何故こんな小さな寺を訪れたのかという疑問が湧く。そしてその謎を解く鍵は、島原という地名にある。

ここから西北へしばらく行くと島原がある（京都市下京区）。直線距離で測ると一キロ弱。歩いて十五分ほどの近さだ。

京都の花街は五つとされているが、それは島原が花街組合から離れたせいであって、正しくは六花街ということになる。中でも島原は他の花街と違って、文化人のサロンとしての役割が大きかったと言われている。

そんな島原に、蕪村は暫《しばら》くの間逗留していて、

「白梅や　墨芳しき　鴻臚《こうろ》館《かん》」

という句も残している。鴻臚館というのは、外国からの使節などをもてなすための客舎で、奈良・平安時代に設置された。お気に入りの太夫でも居たのだろうか。ひょっとして、百度参りをしていたのは、近しい遊女だったのではないか。句碑を見ていると、そんな思

いにかられる。

細道にふさわしい情趣を湛える寺である。

瑞泉寺——繁華街の真ん中で、戦国の非情さを湛える

Map B

京都でも有数の歓楽街にありながら、観光とは縁が薄いせいか、訪ねる人も少なく、いつもひっそりと静まり返っている寺。『瑞泉寺《ずいせんじ》』は木屋町通にあって、ビルとビルの谷間に小さな山門だけを開いている。

『瑞泉寺』は、京都が絶えず戦の場であったことを象徴するような寺なのだが、ここは、高瀬川の工事中に偶然発掘された、ひとつの石から始まった。

その石には〈秀次悪逆塚《ひでつぐあくぎゃくづか》〉という文字が刻まれていた。叔父である豊臣秀吉から、謀反の疑いを掛けられ、自害させられた豊臣秀次の石塔だったのである。

文禄四年（一五九五年）に、追いやられた高野山で自害した秀次の首は、三条河原の南西辺りに晒されたというから、ちょうどこの辺だったのだろう。

たとえ血が繋がっていようが、自らの立場を危うくしそうな者は容赦なく斬って捨てる。いや、血縁ゆえのことかもしれない。それが戦国の世の倣いなのだろうが、それにしても

一族郎党すべてを処刑するという非情さは、京都という地に馴染まないように思えるが、存外ふさわしいのかもしれない。

群雄割拠。敵味方入り乱れ、戦は絶えることがない。天下を取るために情けは禁物。身内であろうが、情の通じた者だろうと晒し者にする。

そんな非情な振る舞いに、見て見ぬふりは出来なかったのだろう。高瀬川を始め、京の治水事業に多大な貢献をした豪商 角倉了以《すみのくらりょうい》は、秀次を哀れに思い、その御霊を慰めんとして、この寺を建立したという。

実は角倉了以の実弟も秀次に仕えていて、危うく連座されるところだった。きっとそんな思いも込めたのだろう。秀次の戒名〈瑞泉寺殿〉から寺の名を付けたと伝わる。

雑居ビルや飲食店が建ち並ぶ、今の姿からは想像出来ないが、かつてこの三条大橋界隈は、何かにつけ戦いの場となった。戦国時代から江戸時代、そして幕末の世に至るまで――。坂本龍馬が命を落とした場所も、ここから、そう遠く離れてはいない。

歓楽街の狭間にひっそりと佇む寺は、それをじっと見て来たのだ。

第三章

路地裏細道の不思議発見

都伝説、奇妙・奇怪な逸話の数々

路地裏には、何かしら不思議な空気が流れている。妖しい、と言ってもいい。狐《きつね》か狸《たぬき》が姿を変えて現れて、澄ました顔して通り過ぎて行きそうな、そんな空気。

「あのな、昔ここで、おかしなことがあったんやで。それはな……」

祖母に連れられて寺参りをした帰りなどに、路地の奥を覗《のぞ》き込んで、そんな話をよくしてくれた。

祖母はどこまでその話を信じていたのか。今となっては知るすべもないのだが、モノノケが主役となる話や、時に教訓めいた話もあり、大抵の話を僕は信じ込んでいた。そしてその場所をひとりで通らねばならなかったときは、全速力でそこを走り抜けたものだ。

都市伝説に倣うなら、都伝説とでも呼びたくなるような奇妙、奇怪な逸話がそこかしこに残されていて、それに因む場所が今もちゃんとあるというのが、京都が京都たる所以《ゆえん》なのかもしれない。おどろおどろしい話から、ちょっとイイ話まで。路地裏に潜む不思議話をいくつか。

宗旦稲荷——白狐の伝説が今なお残る

Map F

街中の路地裏とは、少しばかり趣向を変えて、お寺の境内の路地裏で見付ける不思議。京都五山の第二位である『相国寺《しょうこくじ》』。

今出川通沿いに、河原町通から烏丸通へ向かう間の、ちょうど中間辺りに、京都御苑の今出川御門がある。ここを背にして、同志社大学の赤レンガ校舎の間を北に上ると、やがて『相国寺』の総門に行き着く。

左手に池を見ながら真っ直ぐ進む。広い境内には多くの塔頭《たっちゅう》が建ち並び、縦横に石畳道が伸びている。車が通れる道筋もあり、さながら小さな街のような気配すら漂う。

正面に開山堂、法堂《はっとう》が並び建ち、奥には庫裏《くり》と方丈《ほうじょう》が見える。拝観の受付があるが、入らずにここを右手に進む。細道に沿って北側に、弁天社、鐘楼と続き、それを過ぎると少し奥まったところに鳥居が見える。寺の境内に神社があるのも不思議だが、京都の寺ではよく見かける。ここが『宗旦稲荷《そうたんいなり》』。宗旦は茶人として知られ、千利休の直系で、千家三代となった千宗旦のこと。茶人と狐。それにまつわる話がここ『相国寺』に残されている。

江戸時代の初期。この辺りはまだ鬱蒼とした森が続き、狐も多く棲《す》んでいた。その中に一匹、化け上手な白狐が居て、時に雲水と共に座禅を組んだり、和尚と碁を打ったりしていた。

この白狐は又、茶の湯にも通じていて、近所の茶人宅を訪ねては茶を飲み、茶菓子を食べていたという。

そんな或る日。塔頭のひとつ『慈照院《じしょういん》』の茶室開きに招かれていた千宗旦が遅刻をした。機転を利かした白狐は宗旦になりすまし、点前を披露する。それと知らぬ本物の宗旦は、物陰から白狐の点前を盗み見、そのあまりの見事さに舌を巻いた。

やがて本物の宗旦が登場したことに気付いた白狐は、慌てて逃げ、その際に茶室の窓を突き破った。それを修理したせいで、この『慈照院』の茶室の窓は他に比べて大きいのだという。

逃げた白狐のその後の消息については諸説ある。ねずみを食べて化けの能力が落ち、井戸に落ちて死んだという説もあれば、門前の豆腐屋が困窮していたときに知恵を貸したという話もある。

その豆腐屋は古くは門前にあったが、その後移転を繰り返し、現在は寺の少し東、今出川通の寺町を東に少し入ったところに店を構えている。名を『丁子屋《ちょうじや》』と言い、もちろん今も豆腐を商っている。

諸説ある中で、最も京都らしい逸話が、この豆腐屋の話。

豆腐屋から油揚げの施しを受け、なんとか生きながらえていたが、老いゆく白狐は自らの死期を悟り、豆腐屋を始めとして世話になった人々を集め、別れの茶会を開いた、というのがそれだ。

人々を化かしながらも、多くの人から愛された白狐。『相国寺』の僧侶たちも、その死を惜しみ、祠《ほこら》を建て、白狐を僧堂の守護神として崇めた。それがこの『宗旦稲荷』。

伝説は、今も形となって残っている。稲荷社だけでなく、逸話に登場する豆腐屋までもが現存している。それが京都の奥深さであり、興味が尽きないところなのである。

おかめ塚――八百年、都を災禍から守り続けてきた〝お亀〟とは

Map G

この『おかめ塚』都伝説。史実と思われる話の中で、悲哀を誘うエピソードと言えば、この『おかめ塚』だろうか。

千本通の今出川通を北に上り、ひと筋目、五辻通を西に入る。しばらく歩き、三筋目の角の右手に『千本釈迦堂《せんぼんしやかどう》』と刻まれた大きな石碑が建っている。ここが『大報恩寺《だいほうおんじ》』。『千本釈迦堂』は通称である。

京都にはよくあることで、正式名称よりも通称の方が知られている場合、大抵は通称で呼ぶ。タクシードライバーに『大報恩寺』と言えば、首をかしげられるかもしれない。『千本釈迦堂』と言えばすぐに通じる。

本寺は鎌倉初期の創建。八百年の歳月を無事に過ごして来た、京都でも稀《まれ》な存在。応仁の乱で殆《ほとん》どの寺社が焼け落ちた中で、奇跡的に残ったのがこの寺の本堂。現存する、京都市内最古の木造建築と言われている。

国宝に指定されている本堂の柱には、応仁の乱の際に戦いの場となった徴《しるし》の刀傷が残り、他にも見るべきものが多く存在する寺だが、詳述するには紙幅が足りない。境内に建つ『おかめ塚』に話を絞る。

当寺本堂を建立する際、大工の棟梁を務めていた長井飛騨守高次《ながいひだのかみたかつぐ》。何をどう誤ったのか、大事な柱の一本を短く切り過ぎてしまった。

大変なことをしてしまった、と憔悴し思い悩む高次に、枡組《ますぐみ》なる手法で継ぎ足せばいいのでは、と進言したのが女房のお亀。それは妙案とばかりに高次は枡組を施し、誰に気付かれることなく、事なきを得た。

と、しかし今度はお亀が思い悩むこととなる。斯《か》かる大仕事を、女房の力を借りて乗り切ったと、後々知られることとなれば、夫の名誉に傷が付くのは必定。自らの存在が無くなれば、その心配も失せる。そう思ったお亀は上棟式の前日に自害する。

哀しみにくれる高次はすべてを正直に明かし、自らも自害しようとする。住持《じゅうじ》らに押し留められた高次は、おかめに因んだ福の面を扇御幣《おうぎごへい》に付けて飾った。

今も京都では、家を新築する際、上棟式には福の面を付けた御幣を柱に飾り、無事を願う風習が続いている。これをおかめ御幣と呼び、近代的なビルの建築でも同様のしきたりが続いている。

度重なる戦火から逃れ、今もその姿を威風堂々と残しているのは、お亀のお陰だと、お亀信仰は途切れることなく、家内安全、夫婦和合、災難厄除など、様々な願いを叶えようと、老若男女がこぞって『おかめ塚』にお参りする。路地裏の不思議は、お寺の中にもたくさんある。

首振り地蔵——地蔵さまの頭をぐるりと一回転させて願掛け

Map A

ちょうど表通りと裏路地の関係によく似ている。

京都を訪れたなら、誰もが必ずお参りするのが『清水寺《きよみずでら》』。断崖にせり出すようにして建つ清水の舞台はあまりにも有名だ。京都を訪れて、一度も『清水寺』を参拝したことがない旅人など居ようはずもない。

であったとして、そのうち、どれほどの旅人が首振り地蔵に気付いただろうか。

北からなら、二寧坂《にねいざか》、産寧坂《さんねいざか》（二年坂、三年坂）と辿《たど》り、西からだと松原通《まつばらどおり》を、南からは茶碗坂《ちゃわんざか》、五条坂を上って来て、やっと目指す朱塗りの仁王門が見え、きっと心が逸るのだろう。一目散に石段を目指す。これを表通りに喩《たと》えるなら、その左手、北側に建つ『善《ぜん》光寺堂《こうじどう》』はさしずめ裏路地に当たるだろうか。小さなお堂に目を向ける参拝客は極めて少ない。

元は地蔵菩薩を本尊とする地蔵院だったが、今は洛陽三十三所観音霊場の第十番札所として、広く観音信仰を蒐《あつ》めている。

堂内には、鎌倉時代末期作と伝わる如意輪観音坐像《にょいりんかんのんざぞう》や、本尊の地蔵菩薩立像《じぞうぼさつりゅうぞう》が安置され、『善光寺堂』の名の由来となった、善光寺如来堂の本尊、善光寺型阿弥陀如来三尊像が並んでいる。

不思議があるのは、このお堂の手前右手に建つ小さな祠。ここにおわします地蔵さま。なんと首が回るのである。

先ずは一礼。おもむろに両手で地蔵さまの頭を持ち、ぐるりと首を一回転させてから、願い事を唱えると、たちどころにその願いが叶う、と言われている。また、恋心を寄せる相手の方に首を向けて願うと、恋愛が成就するとも。

更なる俗世間的な願いは借金完済。借金で首が回らぬ、とはよく言われる話で、これだけ首が回るのだから、願いを込めれば借金で困ることが無くなる——かどうかは定かで無い。

これを始めとして〈清水寺の七不思議〉と呼ばれるものがあるが、それらは、多くの参拝客が目を向けない、堂の裏や脇道に潜んでいる。

その一例が仁王門の石段下に建つ狛犬《こまいぬ》。

通常は神社の鳥居脇にあるのが狛犬。それがなぜ、寺の山門下に？　という疑問の答は、『清水寺』の奥に『地主神社』があるから。つまりこの仁王門は、寺と神社の、共通の入口になっているということ。これも又珍しいが、更なる不思議は左右の狛犬の口。

普通の狛犬は阿吽《あうん》の一対になっていて、犬は口を開いた阿形《あぎょう》と、口を閉じた吽形《うんぎょう》が向かい合い、万物の始まりと終わりを象徴すると言われている。しかしこの仁王門の前の狛犬は、どちらも口をあんぐりと開いている。つまりは阿と阿。

始まりだけで終わりがない。のではなく、釈迦の教えを大声で説くために大口を開いているのだ、というのが寺の見解。

人の背中ばかりを見て、順路に従って歩くのではなく、参道の脇にも目を遣れば、たとえ有名寺社だとしても、そこにはガイドブックには記されていない。不思議が隠れている。

鐵輪の井――女が夜な夜な怨みを抱いて通った所 Map E

都伝説はホノボノとした話だけではないわけで、寧ろ、おどろおどろしい話の方が多いくらいだ。その代表が鐵輪《かなわ》の井《い》。

能の演目に〈鉄輪《かなわ》〉という話がある。舞台は洛北の山里にある貴船《きぶね》神社。

或る夜、貴船神社の社人にお告げがあった。丑《うし》の刻参りをする女に神託を伝えよ、というのだ。女は五条辺りからやって来ていて、自分を捨てて後妻《めと》を娶った夫に、報いを受けさせるため、遠い道のりをものともせず、夜な夜な貴船神社に詣《もう》でていた。

その女に社人は、三つの脚に火を灯した鉄輪を頭に載せ、「怒りの心を表せば、望みどおり鬼になる」と神託を告げた。

そうは言ったものの、社人は女と言葉を交わして遣り取りを続けるうち、だんだん怖くなって来る。

女が神託の通りにしようと言うと、たちまちのうちに女の様子は変わり、髪は逆立ち、夜空には雷鳴が轟《とどろ》き渡る。

驚いた社人は逃げ惑う。激しい雷雨のなか、女は恨みを思い知らせてやると言い捨てて、南の方へと駆け去って行った。

一方で、その女の元の夫は、毎夜悪夢にうなされ、当時有名な陰陽師として知られていた安倍晴明を訪ね、事情を話して相談する。晴明は、「先妻、すなわち丑の刻参りをしている女の呪いによって、ふたりの命は今夜で尽きる」と非情な見立てを元夫に告げる。

当然ながら元夫は、何とか生きながらえさせてくれるよう、晴明に懇願する。やむなく晴明は、元夫の家を訪れ、祈禱《きとう》棚を設けて、夫婦の形代《かたしろ》を載せて、呪いを肩代わりさせようと必死で祈禱を始める。

と、そこへ、あろうことか、脚に火を灯した鉄輪を頭に戴せ、鬼と化した女が現れる。鬼となった女は、捨てられた恨みをとうとうと述べ、男の形代に襲いかかろうとするが、神の力によって退けられ、逃げるようにして姿を消す。

同じ能の演目に〈葵上《あおいのうえ》〉があり、似たような女性の嫉妬深さを描いてはいるが、そこはやはり源氏物語が本歌とあって、六条御息所《ろくじょうのみやすどころ》には雅な風情が漂っている。それに比べて〈鉄輪〉の女性は実に怖い。

また前置きが長くなってしまった。

五条通から堺町通を上り、万寿寺通《まんじゅじどおり》を越えてしばらく行くと鍛冶屋町《かじやまち》となり、左手に〈鉄輪跡〉と記された石碑が建っている。その奥に小さな門があり、〈鐵輪ノ井戸入口〉と書かれた札が下がっている。

民家にあるような引き戸を開け、狭い路地を奥に進むと、そこに小さな井戸がある。これが〈鐵輪の井〉。

丑の刻参りをしていた女は、この辺りから貴船神社へ通っていたという。距離でいくと十三キロあまり。女性の足だと三時間はゆうにかかる。つまりは往復六時間。毎夜それを繰り返したというのだから、なんとも凄まじい。女性の怨念の深さに驚くばかり。

晴明の力の前に逃げ帰った女は、この井戸に身を投げたと言われている。それ故この井戸は縁切り祈願に霊験あらたかと伝わり、遠くから水を汲みにくる人が絶えなかったそうだが、今は涸れてしまい、水を汲むことは出来ない。

その代わりなのだろうか、井戸の蓋の上にはペットボトルに入った水が置かれている。

これは供えられたものもあるが、縁切りを願う人が置いたものもあり、ひと晩置いて、また取りに来るのだそうだ。縁切り井戸は決して過去の話ではない。井戸の横に建つ小さな祠に手を合わせる人は、何を祈っているのだろうか。他人事ながら、ちょっと身震いしてしまう。

鐵輪《かなわ》社《しゃ》の隣に祀られているのは、鍛冶屋町内の氏神である命婦稲荷社《みようぶいなりしゃ》。昭和十年（一九三五年）にこれを再建するときに、土の中から『鉄輪塚』の碑が発掘され、鐵輪大明神として鐵輪社の小祠が祀られたのを創始としている。そのとき、土の中からいくつかの鐵輪が掘り出されたとも聞く。身に覚えのある向きは、早々に立ち去った方がよさそうだ。

神田明神――平将門の首が晒された場所

Map E

神田明神《かんだみようじん》と言えば、誰もが思い浮かべるのは東京は外神田二丁目に鎮座する社。正式名称は神田神社。江戸三大祭のひとつ、神田祭が行われる神社としてもよく知られている。

一之宮に大黒さま、二之宮に恵比寿さまを祀る神田神社だが、なんといっても三之宮に祀られる平将門《たいらのまさかど》の印象が強い。

平将門の乱を起こし、敗死した将門の首を持ち帰り、この近くに葬ったと言われ、後の嘉元《かげん》年間（一三〇三年―一三〇七年）に流行した疫病は将門の祟りだとされ、やがてこの神社の相殿神《あいどのしん》となった。

京都とは無縁と思われがちだが、意外や意外、京都を代表するビジネス街の真ん中にも神田明神があるのだ。

四条烏丸を西へと向かう。南側を歩いて、一筋目が室町通、二筋目が新町通。そこを越えてしばらく行くと細い路地がある。人呼んで膏薬図子。こうやくのずし、と読む。膏薬。今でいう湿布薬。薬問屋でも並んでいたのかと思えば、まったくそうではなくて、或る言葉が訛《なま》ったものだと言う。

それは後述するとして、この膏薬図子を南に下ると、やがて神田明神の幟《のぼり》が見えて来る。町家の建物が社殿という、東京のそれに比べて、如何にも貧弱なものではあるが、紛れも無くここは神田明神。平将門ゆかりの社である。

打たれた将門の首はこの辺りに晒《さら》され、その後東へ飛んで行ったという。その御霊を弔おうとして、空也《くうや》上人が厨子を作ったと言われ、空也供養の厨子、が訛って、くうやくうのずし、から、こうやくのずし、へとなったと伝わっている。ダジャレにしか思えないような言い伝えはしかし、意外に真実に近かったりするから、京都はおもしろい。

—天慶年間《テンギョウ》平将門ノ首ヲ晒《サラ》シタ所也《トコロナリ》—

由緒書きにはそう記されている。

太平記にもあるように、将門の首は時を経ても腐ること無く、まるで生きているかのように目をカッと見開き、夜な夜な「斬られたわしの体はどこにある。ここに持って来い。首を繋《つな》いでもう一戦しようではないか」。そう叫び続けたというから、なんともオソロシイ話だ。

膏薬図子。時として、路地裏は時間が止まったままになり、歴史のひとコマを保存しておいてくれる。

鵺池——人々を怖がらせたモノノケとは　Map D

世界文化遺産のひとつ、二条城の西側にある通りは美福通《びふくどおり》と呼ばれている。平安京大内裏の外郭十二門のひとつ〈美福門〉があったことから、そう名付けられたという。

南北に伸びる細道は、丸太町通から押小路通《おしこうじどおり》までの、短い間だけが美福通という名が残っている。

この北の端に二条公園という小さな公園がある。池を囲むように自然石が配され、趣のある公園には、子供たちの歓声が響き、一見、何処にでもあるような公園だが、実はここには怖ろしい言い伝えがある。

平家物語や源平盛衰記にも登場する妖怪に、鵺《ぬえ》というモノノケが居る。書物によって、その姿はまちまちだが、夜に鳴く怪鳥がベースになっていることだけは、たしかなようだ。この公園の池は、その鵺の名を取って、鵺池と呼ばれている。

頃は平安末期。ここより北東に位置する御所に、夜な夜な鵺が飛んで来るという。当時の近衛《このえ》天皇と、のちの二条天皇は、この鵺に怖れおののき、弓の達人である源頼政に退治を命ずる。

或る夜、家来を連れて鵺退治に出向いた頼政は、御所の清涼殿を覆う黒雲目掛けて矢を放つ。と、夜空に悲鳴が響き渡り、鵺が二条城の方に墜ちていくのが見えた。すかさず家来がその行方を追うと、鵺は池の中でもがき苦しんでいた。家来がとどめを刺して、退治を終えたのが、この二条公園の鵺池だと伝わっている。

こういう話の常として、鵺のその後については諸説紛々。清水寺に埋めて弔ったのを、のちの時代に掘り起こして祟りがあった、とか、鴨川に流した鵺の亡骸が淀川を伝って瀬戸内海の浜に流れ着いたという説もあったりする。その証として、芦屋に鵺塚があり、他にも大阪の都島にも同様の鵺塚がある。

当時はよほど、この鵺の存在が怖ろしかったのだろう。矢に打たれた鵺は、京都を遠く離れ、浜名湖にまで亡骸が飛ばされたという話もあって、鵺伝説は果てしなく広がりを見せる。

あながちこの説を荒唐無稽《こうとうむけい》と笑えないのは、今もこの地域にはそれに因む地名が残っているということ。

浜松市北区三ケ日町《みっかびちょう》には、鵺代《ぬえしろ》という地名があり、更には胴崎《どうざき》、尾奈《おな》、羽根平《はねたいら》もある。これらはそれぞれ、鵺の胴、尾っぽ、羽根が落ちて来た場所だというのだ。

都から浜名湖へ。俄《にわか》には信じがたい話ではあるが、京都と浜名湖というのは、ちょっとした因縁がある。

京都と深い繋がりを持つ琵琶湖をして近江、つまり近い湖と呼んだのに対して、遠い湖は浜名湖。ゆえに遠江《とおとうみ》。転じて遠州となったわけだ。

京都にある寺社の中でも知名度の高い『建仁寺《けんにんじ》』。ここの山門は浜名湖岸からそう遠く離れてはいない『安寧寺《あんねいじ》』から移築されたものだということは、存外知られていない。

なぜ、わざわざ遠く浜名湖から京都へ移されたのか、その訳は詳《つまび》らかではない。だが京都から鵺が飛んで行くくらいだから、山門が移築されても不思議ではない。京都を代表する、すっぽん料理の名店も、浜名湖ですっぽんを養殖しているようだし、京都の鰻屋《うなぎ》の何軒かは浜名湖産の鰻を重用しているそうだ。遠江との繋がりも近江に負けず劣らず強いことを鵺が教えていたのかもしれない。二条城にほど近い二条公園の池の水面を眺めていると、そんな思いに駆られる。

蜘蛛塚——上品蓮台寺と北野天満宮、いずれにも伝わる蜘蛛伝説 Map G

鵺ほどではないが、蜘蛛《くも》もまた不気味な生き物である。とりわけ夜の洗面所などに居ると、思わず身震いしてしまう。モノノケと違って、現実に棲息《せいそく》しているから、余計にその怖さが先立ってしまうのだろう。鵺退治から少しく時間を遡って、平安時代中頃の話。

源頼光《よりみつ》は原因不明の熱病に冒され、長く病の床にあった。そんな或る夜、頼光の枕元に怪僧が現れ、頼光を縄で縛ろうとする。頼光はかねて用意していた刀で怪僧に斬りかかると、僧は一瞬にして消えてしまった。

翌朝になって頼光は、庭先に血痕が残っていることに気付く。四天王と呼ばれていた精鋭の家来たちに命じて、その行方を追わせる。点々と続く血痕を家来たちが辿って行くと、やがて北野の森の小高い塚に行き当たった。不審に思った四人がそこを掘り返すと、巨大な黒蜘蛛がもだえ苦しんでいた。

四人がかりでようやくこの黒蜘蛛を退治し、鴨川の河原に晒す。そしてその腹を割ってみると多くの人骨が出て来たという。人喰い蜘蛛だったというわけだ。なんとも怖ろしい話。

その蜘蛛が棲んでいたといわれる蜘蛛塚は、実はふたつある。どちらが本物かなどという詮索はヤボというもの。両方訪ねてみるのが正しい。

ひとつは千本北大路から南へ下ったところにある『上品蓮台寺《じょうぼんれんだいじ》』の墓地にある。寺の通称は〈十二坊《じゅうにぼう》〉。

上品は、じょうひん、ではなく、じょうぼん、と読む。浄土教の教えによる、極楽往生の際の九段階の階位である九品《くほん》。上品、中品《ちゅうぼん》、下品《げぼん》の三段階を更に三つに分けて、上生《じょうしょう》、中生《ちゅうしょう》、下生《げしょう》となり、つまり最上級は上品上生で、最下級は下品下生となる。品性を上品と下品に分けるのも、ここから来た言葉だという。

蓮台《れんだい》は蓮華《れんげ》の形に作った、仏さまの台座。私事ではあるが、その名を冠した寺には、亡き岳父が眠っており、幾度と無く墓参に訪れている。そして、ちょうどその墓所の近くに蜘蛛塚がある。

頼光塚とも呼ばれるそれは、巨大な椋《むく》の木の根元にあって、小さな石碑が建っているから、それと分かるようなものの、史跡としてはあまりにお粗末なものである。上品と見なされなかったのだろうか。

墓地の端っこにあるせいか、これを見に来る人など滅多になく、それ故、おどろおどろしさは内に秘めているように見える。蜘蛛塚を背にして墓参をしていると、背後から巨大な蜘蛛が襲いかかってくるような気配を感じたことが、一度や二度ではない。墓地にあるということを心得た上でご覧いただきたい。

もう一箇所の蜘蛛塚は、学問の神様を祀る、北野天満宮にある。

境内の一角にある『観音寺』は、通称『東向観音《ひがしむかいかんのん》』。平安京が遷都されて間もなく、桓武天皇の勅《みことのり》によって、藤原小黒麿《おぐろまろ》たちが建立したと伝わり、その頃は『朝日寺《あさひでら》』と呼ばれていたようだ。

時代は下って天暦元年（九四七年）。北野天満宮の前身となる社殿がこの地に建立され、『朝日寺』には菅原道真公の作と言われる、十一面観世音菩薩を請来し、安置される。

更に時は下って応長元年（一三一一年）、『朝日寺』は『観音寺』と改称する。そのとき本堂は、東西ふたつあったのが、後の応仁の乱で消失し、東向きのみ再建されたことから、『観音堂』は『東向観音』と呼ばれるようになったという。

北向だとか東向などと、方角を云々するのには、どうやら理由があるようで、それは堂内に於いて、仏像をどの方向に向けて安置するのか、決まりがあるようだからだ。

門外漢ゆえ、詳しくは分からないが、仏さまの住まうところによって、向きが決まるらしい。

西方極楽浄土に住んでおられる阿弥陀さまは、東を向いておられる。一方で、お薬師さまは、東方浄瑠璃世界にお住まいなので、東からこの世を見ておられる、ということになる。

そこで観音さま。阿弥陀さまの脇侍《わきじ》だから、当然ながら阿弥陀さま同様に、東を向いておられる。

ということで、東向は、正しい向きの観音さま。

道真公の母堂を祀る伴氏廟が建つ、その奥に土蜘蛛塚がある。

民家の軒下にあって、いささか妖しさには欠けるが、この土蜘蛛塚。元は七本松通《しちほんまつどおり》の一条辺りにあり、その顚末《てんまつ》は拾遺都名所図会《しゅういみやこめいしょずえ》にも詳しく記されている。それによると、蜘蛛の大きさは四尺とあるから、体長は一メートル二十センチにも及ぶ。それが真実かどうかはさておき、モノノケを怖れ、退治した後は供養するという、往時の気風が如実に表れていて興味深い。

明治時代に入り、その土蜘蛛塚を発掘すると、墓標や石仏などと共に灯籠の火袋《ひぶくろ》も見つかったといい、それを貰い受けた町衆が庭に飾っていると、たちまちにして家運が傾いてしまった。これはまさしく土蜘蛛の祟りだとして怖れた都人は、東向観音に奉納し、今に至っている。それが土蜘蛛灯籠。小さな祠の中に祀られている。

頼光と蜘蛛。その戦いの跡は路地裏ならぬ、寺裏に残されている。

猫の恩返し――西陣のど真ん中にある猫寺

Map G

動物にまつわる不思議話をもうひとつ。

場所は西陣のど真ん中。千本通から寺之内通《てらのうちどおり》を東に入る。左右数えて三筋目を北に上る。しばらく進むと左手の駐車場奥に寺の門が見えて来る。ここが『称念寺《しょうねんじ》』。またの名を〈猫寺《ねこでら》〉という。

号は〈本空山《ほんくうざん》〉。浄土宗知恩院派の寺が、何故〈猫寺〉と呼ばれるのか。

当寺は、松平信吉《のぶよし》公の帰依をえて慶長十一年、すなわち一六〇六年に建立されたものである。信吉の母が徳川家康の異父妹だったことから、寺紋を徳川家と同じ、三ツ葉葵にした。この紋所が目に入らぬか。由緒正しき寺である。

『称念寺』三代目の住職の頃の話。有力な檀家でもある松平家と、些細《ささい》な行き違いから、不和になってしまう。寺というものは、或る意味、檀家の尽力で成り立っている。ましてや建立に携わった松平家となれば、事態は深刻。寺はあっという間に廃れ、日々の暮らしさえままならぬ状況にまで陥った。

托鉢《たくはつ》で得たわずかな収入で、何とか凌いでいた住職が唯一の拠り所としていたのは、飼い猫。つましい暮らしを続けながらも、猫にはちゃんと餌《えさ》をやり、自分は飢える寸前にまでなっていたという。

いつもと同じように托鉢を終えて帰って来た住職が声を掛けると、なんと猫は美女に変身して踊り狂っているではないか。驚きと怒りで、住職は猫を放り出してしまう。

数日の後、或る夜、夢枕に立った猫が、松平家との復縁が近いことを知らせる。

それからほどなくして、松平家の息女が今わの際に、『称念寺』への埋葬を切望したとの報せを受ける。きっと愛猫が息女の口を借りて、恩返しをしたに違いないと住職は気付き、追放してしまったことを悔いることになる。

息女の埋葬を無事に済ませ、松平家との縁も旧に復した。住職は猫の恩に報いようとして庭に松を植え、これを猫松と呼び、いつしか寺は〈猫寺〉と呼ばれるようになる。

この話はここで終わらない。松を植えて暫《しばら》く経った頃、再び夢枕に立った猫は、この松の枝が本堂に届けば寺は一層栄えるだろうと告げる。

それからというもの、松の枝はまるで本堂を目指すかのように、横に長く伸び、その長さは二十メートルにも及んでいる。本堂までは後、数メートルほど。

猫の恩返しは、数百年を経て、まだ続いているのである。

迷子の道しるべ——新京極通りの縁結びの寺の謂れは Map B

昔も今も、修学旅行生たちが必ずと言っていいほどに歩くのが、新京極通《しんきょうごくどおり》。三条通から四条通まで、アーケード街が続く。

その新京極通は、六角通《ろっかくどおり》と交わる辺りで、三角広場を作っているが、すぐその東側にあるのが『誓願寺《せいがんじ》』。飛鳥時代に創建された、浄土宗西山深草派《せいざんふかくさは》の総本山である。

通りに面した山門の南側には〈総本山　誓願寺〉と刻まれていて、その反対、北側に建つ石柱には〈迷子のみちしるべ〉とある。そしてその石柱の右側には〈教しゆる方〉、左側には〈さがす方〉と記してある。迷子や落とし物があれば、それを紙に書いて左側に貼り、見つけた方は、その旨を記して右側に貼る。

今でいう掲示板のような役割を果たしていたのだという。〈迷子のみちしるべ〉。何とも、のんびりとして、しかも粋な話ではないか。

これはしかし、この寺だけにあるのではなく、『八坂神社』では〈月下氷人石《げつかひようじんせき》〉と呼ばれ、同じような趣旨で建てられたもの。また『北野天満宮』の松向軒《しようこうけん》では〈奇縁《きえん》氷人石〉と呼ばれている。東京では『湯島天神』の境内にも同様の石柱が建っているようだ。

もちろん、今ではそんな使われ方をするのではなく、縁結びのご利益があるとして人気を呼んでいるという。

こういうものがあると、直ぐにパワースポットだとか言って、特に若い人たちが集まって来るようだが、元々の謂《いわ》れなどを知ろうともせず、ただただご利益だけを授かろうとするのも困った傾向である。

本尊は阿弥陀如来。元は飛鳥時代に彫られたものだったが、火災によって消失し、現在鎮座しているのは、『石清水八幡宮《いわしみずはちまんぐう》』から移安されたもの。鎌倉時代に創られたものらしい。

落語の祖とも称される安楽庵策伝上人《あんらくあんさくでんしょうにん》ゆかりの寺でもあることから、芸道上達を祈願する参拝客も多く、境内に建つ〈扇塚《おうぎづか》〉がそれを象徴している。また、清少納言がこの寺で髪を下ろして仏門に入ったことでも知られる。何かとエピソードが多いのに、訪ねる人が少ないのは如何《いか》にももったいない。

第四章
路地裏細道の名店案内

「そこでしか買えない」貴重な店は細道にある

京都を旅した記念に何か土産を買おうとして、はたと困ることが多いと聞く。僕も相談を受けて、いつも悩む。

そこまで訪ねないと買えないものだからこそ、旅の土産は価値があったのだが、今や幾つものデパートに商品が置いてあったり、通販で買えたりする。東京のデパートにも支店があったりすると、途端に有り難みが薄れる。

便利さと引き換えに、失ったものは決して小さくない。何処ででも買えるとなると、土産に貰《もら》った方も、さほどの喜びを感じないだろうし、贈る側も些《いささ》か気が引ける。

すべてと言うわけではないが、表通りに面した店と違って、路地の奥にある店は概ね、支店も持たず、そこでしか買えないという商いを守るところが多い。

店構えや商品に個性を際立たせているのも、細道にある店の特徴。何を買うでもなし、ただ店を訪ね、ウィンドウショッピングをしているだけでも愉しい店。予め予約をしておいて、商品を受け取りに訪れる店。迷い道もまた愉しい。近くに見どころのひとつもあれば、その愉しみは倍加する。

たとえば『大黒屋鎌餅本舗《だいこくやかまもちほんぽ》』。第二章の冒頭で書いた『幸神社』から歩いて辿り着けるのが嬉しい。

『大黒屋鎌餅本舗』——古式ゆかしい佇まいの菓子屋　Map F

店へと誘う目印は『阿弥陀寺《あみだじ》』。〈織田信長公本廟《ほんびょう》〉と刻まれた石碑が門前に建っている。本能寺の変で討たれた信長と、その子信忠《のぶただ》がこの寺に葬られているという。

信長の墓だとか御廟は日本中に散見される。京都でも『大徳寺』の塔頭《たっちゅう》『総見院《そうけんいん》』にもあるが、これは多分に秀吉が政治的な思惑を持って建立したものだろうと思う。他所の墓も、何かしらの縁があったり、伝承によって墓所と伝わってはいるが、どうも信憑性には乏しい。

そこへいくとこの『阿弥陀寺』本堂の東側墓所に、信長父子の墓が並んでいる。その左横には蘭丸《らんまる》、力丸《りきまる》、坊丸《ぼうまる》と、信長に殉じた森三兄弟の五輪塔が建つ。そしてその御廟を守るかのように、ずらりと外縁を家臣の墓が取り囲む。きっとここそが真の御廟に違いないと思わせる、神性を備えている。

この寺の向かいの路地を入ったところにあるのが『大黒屋鎌餅本舗』。

寺町通から西へ続く路地の奥に店を構えて、どれくらいの年月が経っているのだろうか。かつてこの店の周りはどんなだっただろう。そんな思いを馳《は》せたくなるような、古式ゆかしい佇《たたず》まいの菓子屋。

屋号が示す通り、この店の名物は鎌餅。シルクのような滑らかな羽二重餅《はぶたえもち》に、上品なこし餡《あん》を包み、鎌先の形に似せた餅菓子。その歴史は、古く江戸時代に農民たちが、鎌を腹に入れると豊作になると、好んで食べたことから始まったと伝わる。

名物の鎌餅。手に取ると、餡の重みで、クタッと垂れ下がり、まさに鎌のような形になる。

口に入れると、滑らかな舌触りの餅がふるふると滑り、おそるおそる歯を入れると、餡に含まれた黒糖の爽やかな甘みが口中に広がる。

ひとつひとつ、経木《きょうぎ》に包まれて、木箱に並べられる。丁寧に作られていることが、ひと目で分かる。

注目したいのは箱を包んでくれる包装紙。鎌で稲を刈る農民の姿が洒落《しゃれ》た筆致で描かれている。この絵は画聖富岡鉄斎《とみおかてっさい》に師事した、本田蔭軒《ほんだいんけん》の作。『阿弥陀寺』滞在中に、鎌餅をいたく気に入った蔭軒が、この店の為に描いたもののようだ。

京都に於《お》いて、菓子には、必ずと言っていいほど、こういうエピソードが付いてまわる。店があり、寺があって、そこを人が行き来する。その中で育まれて来た菓子と掛紙。

デパ地下でも、駅の売店でも、長蛇の列を作って今様の和スイーツを買い求める姿が目につくが、それらには歴史を重ねてきた菓子が持つ、こういう必然の流れというものがない。

トレンドを分析し、著名なデザイナーの手によって作られただろう菓子とパッケージ。そこには何ほどの物語もない。どれほどの数を作っているのか。どこで、誰が、どんな風にして作っているのだろうか。多くの人、おびただしい数の器械によって生み出される量産品であることは、疑う余地がない。決してそれを否定はしないが、路地裏の名物菓子と、どちらが京都という街にふさわしいかと言えば、誰の目にも明らかだろうと思う。

この店の鎌餅。最近ではデパ地下でも時折り見かけるようになり、通販も行っているようで、些か有り難みが薄れている。その代わりと言っては何だが、もうひとつの名物懐中しるこや、でっち羊羹《ようかん》を買い求めるのも一興。どちらもあっさりした甘さが身上。取り分け懐中しるこは懐かしさも手伝って、しみじみと美味しい。

Map F

『野呂本店』――この店一軒でしか買えない漬物を

和菓子と並んで、京土産の人気を二分するのが京漬物。こちらもまた、百花繚乱。デパ地下や京都駅の土産物街では、何軒もの漬物屋がその売上を競い合っている。奨められて試食をしてみても、どれも大差なく、不味くはないが、飛び抜けて美味しいとも思えない。まぁ、こんなものかと思って買い求めているのが、大方の旅人の姿だろう。

そんな方に是非ともお奨めしたいのが『野呂本店《のろほんてん》』の漬物。

この店もまた、『幸神社』のすぐそばにある。偶然と言えば偶然だが、必然であるとも言える。

京都には京漬物の店がいったい何軒あるのだろうか。大袈裟《おおげさ》に言うと、ふと見回せば、観光地には必ず一軒や二軒、漬物屋がある。それも大方が有名店。まるで蜘蛛《くも》の巣のように店舗を張り巡らせている。少しでも多くの客を引き寄せようという魂胆なのだろう。手を替え品を替え、いささか強引とさえ思えるような売り込みに辟易する向きも少なくない。試食用に刻んだ漬物を載せた盆を、道行く人々に差し出す様は、あまり褒められたものではない。

京都には京都らしい商いがある。それを如実に示しているのが『野呂本店』。寺町通の今出川を上って、出町桝形商店街の西側入口を越えた辺りにある。〈漬もの司〉と染められた暖簾《のれん》が目印。格子戸を開けて中に入ると、店の中には芳ばしい漬物の香りが漂っている。

他の漬物店に比べれば、拍子抜けするほどに小さな店には、季節の漬物が並び、そのどれもが、みずみずしく輝いている。丁寧に漬けられただろうことが、ひと目で分かる。

一番の人気商品は〈青てっぽう〉。青紫蘇で巻いたヤマゴボウを、芯をくり抜いた胡瓜に射込んだもの。パリッとした食感もよく、さっぱりとした後口が身上。

浅漬の茄子《なす》は色も鮮やかで、京都にふさわしい漬物。割干大根や柴漬けも定評がある。

せっかく京漬物を土産にするなら、何処にでもある店ではなく、この店一軒だけで商っているものを求めたい。

『ギャラリー遊形』――京都の老舗旅館の名残りをお土産に！ Map B

次章でも紹介するが、京都を旅するなら一度はきっと泊まって欲しいのが『俵屋《たわらや》旅館』。僕が日本一と断じている日本旅館。

極めて居心地のいい宿として、多くの旅通が認める店だが、その理由のひとつに、備品類、オリジナリティ溢《あふ》れるアメニティの素晴らしさが挙げられる。

たとえば寝具。『俵屋』に泊まって、一番驚かされるのが、寝心地の良さ。知らないうちに眠りに就き、ふと気付けば朝になっている。これほどぐっすり眠ったことはない、というくらいに安眠できる。無論他にも理由はあるのだろうが、やはり最大の要因は寝具にある筈。これを求めれば、自宅でも快適な眠りが保証される。

『俵屋』のほど近く、姉小路通《あねやこうじどおり》の麩屋町通《ふやちょうどおり》を東に入ったところにある『ギャラリー遊形《ゆうけい》』には、この寝具を始めとして、『俵屋』で使われているあれこれを買うことができる。

さすがに寝具ともなれば半端な価格ではなく、手軽に土産に買って帰るわけにはいかない。せめて『俵屋』の香りを持ち帰りたいと思うのか、人気商品のひとつがオリジナル石《せっ》鹸《けん》だ。

化粧品会社と試行錯誤を重ねてきただけあって、軽やかな香りながら風格を感じさせる石鹸。金色に輝く包装紙も相まって、京都土産には最適。叶うならケースも一緒に求めたい。『俵屋』のシンボルマークでもある〈T〉の字をデザインしたケースは、石鹸を入れるだけではもったいない。女性ならアクセサリーケースとしても使えるし、男性ならSDカードなどの小さなモノを収納しておくのに重宝する。

一澤信三郎帆布《いちざわしんざぶろうはんぷ》とコラボしたバッグや、当代主人が自らデザインした傘など、ここでしか買えない商品も少なくない。

最も手軽に買えて、京土産にふさわしいのは〈福俵《ふくだわら》〉。和三盆で作られた干菓子だ。俵を象《かたど》った小さな干菓子は上品な甘さで、贈る相手を選ばない。もちろん自分用に買って帰るのもいい。

『裏具』――人知れない細道にある小さな和の文具店

Map C

路地裏細道を極めると、こんな場所に行き着く。きっと誰もがそう思ってしまうような店が『裏具《うらぐ》』。

場所を説明するのは、かなり難しい。概ねは宮川町筋《みやがわちょうすじ》。宮川町通を松原通から北に上って、右と左を合わせて三筋目を越えた辺りで、右側の並びに目を凝らす。と、至極小さな目印があって、はて、こんなところに入ってもいいのだろうか、と思わせる路地を入って角を曲がったところにある店。

元はお茶屋だったという建物は、古き良き町家そのもの。小さな店に和の文具が品良く並べられている。

店名は〈嬉《うら》ぐ〉という言葉から取ったという。その言葉通り、貰った人はきっと嬉しいだろう。そんな品々。

ぽち袋や一筆箋などは、必要に迫られて探すとなると、なかなかいいモノに出会えない。求めておいて、常に携帯しておくと、いざというときに必ず役に立つ。旅館で心づけを渡す習慣も廃れてきてはいるが、何かの折に、ちょっと世話になったときに、現金をティッシュに包んだりせず、ぽち袋に入れて渡せば気持ちが通じる。

他にもカレンダーや手帳など、身の回りを豊かにしてくれる文具も数多く揃《そろ》っている。狭い店ながら、じっくり見ていると、あっという間に時間が過ぎて行く。

少しばかり有名になり過ぎて、客足が絶えないのが難点でもある。開店直後など、客の少ない時間帯を狙いたい。

『名月堂』——他に類を見ない、儚く、艶っぽい《にっき餅》を

Map C

知る人ぞ知る店。その代表と言ってもいいのがこの店。

宮川町通にあって、しかし存外見つけにくいのは、松原通よりも南にあるせいかもしれない。

京都五花街のひとつである宮川町は、近年道筋も整備され、そぞろ歩くにふさわしい町並みだが、人の流れは祇園界隈から広がって来ることもあり、松原通から北側に耳目が集まってしまう。

宮川町通の松原通との角を下って、店を指折り数え、両手を閉じた辺りの東側に『名月《めいげつ》堂《どう》』がある。

昔ながらの町家造りの店には、お地蔵さんの祠《ほこら》があり、ところ狭しと鉢植えが並べられ、店というよりは民家の風情を湛えている。戦後間もなくの創業と聞くが、まさにそんな風であって、古き良き昭和の空気が色濃く残っている。間違っても和スイーツなどとは呼びたくない店。

ガラス戸を開けて店に入ると、簡素なショーケースがあり、その中に並んだ菓子もまた、実に素朴なのである。

緋毛氈《ひもうせん》を敷いた床几《しょうぎ》に、店紹介の雑誌が広げられているのも、どことなしに好ましい。

一番の人気菓子は〈にっき餅〉。これが旨い。他に類を見ない菓子といってもいい。子供の頃よく食べたマシュマロにも似た手触りが、先ず心地いい。くにゃっと崩れ落ちそうな儚《はかな》さが、愛おしさを募らせる。なのでこの菓子は指先の感触をたしかめながら、手づかみで食べることを強くお奨めする。黒文字などは決して使わないよう。

口当たりはあくまで軽い。軽いが、舌にまとわりつくような艶っぽさも備えている。ニッキはシナモン。噛《か》むほどに口中に芳ばしい香りが広がる。中には餡も入っておらず、甘さもいくぶん控えめに作られているが、菓子を食べたという満足感は充分にある。だが、気が付けば、又手を伸ばしている。いわゆる後を引く味。

他にも同じタイプで抹茶味もあり、むろん和菓子屋だから、季節の菓子もたくさん並んでいるのだが、僕はこの店に行くと決まってこの、にっき餅。大きさも値段も手頃なのが何より嬉しい。

『欧風堂』——京都で古株の洋菓子店で、昔ながらのワッフルを百五十円で　Map D

雨後の筍《たけのこ》と言っては失礼だろうが、そう言いたくなるほど、京都の街には次々と洋菓子店がオープンする。

舌を噛みそうな長い店の名をよく、みな覚えられるものだなといつも感心している。店の名前だけではない。ケーキに付けられた名前もまた長い。ケーキのみならず、いつの頃からか、料理の名前も長くなって来た。それほどに内容が複雑になって来たのだろう。

食べることに於いては、僕は何モノもシンプルが一番だと思っているので、ケーキであっても昔ながらのモノがいい。シュークリーム、プリン、ショートケーキ、モンブラン。聞けば誰もが思い浮かべることの出来るようなケーキ。

店の名も、名物洋菓子もシンプルそのもの。『欧風堂《おうふうどう》』のワッフルが美味しい。

店の場所は地下鉄烏丸線、丸太町駅の近く。竹屋町通の烏丸通との角から西に入ってすぐ左側にある。

ワッフルといっても、今流行りのベルギーワッフルではなく、ふわふわのスポンジケーキにカスタードクリームを包んだ、半円形のお菓子。

創業五十数年を数える、京都では古株の洋菓子店。バームクーヘンやリーフパイなどもあるが、この店に来ないと買えないワッフルがお奨め。

これも手づかみで食べて欲しい。掌に載せたときの、ふわりとした感触から美味しさが始まる。

赤ちゃんの柔肌のような生地と、あっさりとした甘さのカスタードクリームが、絶妙に絡み合い、軽やかな旨みが口の中で弾む。ランチ一食分もするようなケーキと違って、ひとつが百五十円ほどという手頃な価格も嬉しい。

『幸楽屋』——普段使いのお値段で、茶席で通用する上品かつ見事な和菓子

Map F

京都の和菓子屋は概ねふた通りのパターンに分かれる。ひとつは茶席で使われる、季節の和菓子を主として、京都人も少し改まったときに買い求める店。もうひとつは普段使いの和菓子を主に商う店。

この前者と後者も又、いくらか異なる有り様で、更に細分化される。たとえば後者の場合、餅や餅菓子を主体とする店は〈お餅屋《もちや》さん〉と呼ばれ、饅頭を始めとして餡菓子を主にした店は〈お饅屋《まんや》さん〉となる。

洛北と西陣のちょうど境目ということになるのか。烏丸通から鞍馬口通を東に向かって入り、ほどなく右手に見えて来るのが『幸楽屋《こうらくや》』。京都人的には〈お饅屋さん〉ではあるが、ここの店の季節菓子は茶席でも充分通用するほどに、上品かつ見事な細工のなされたものが少なくない。

代表的なものが夏の〈金魚鉢《きんぎょばち》〉。

水の中を悠々と泳ぐ二匹の赤い金魚。ずっと眺めていたい。可哀そうだが、口に入れてこその菓子。如何《いか》にも涼し気な淡いブルーの寒天が、ふるふると口の中で震え、一気に甘さが広がる。見て美しく、食べてしっかり甘い。これが京の和菓子。

無論この店はこれだけを商っているわけではない。他の店のものとは、ひと味違う〈わらび餅〉や、京の新年を寿《ことほ》ぐ菓子〈花びら餅〉も人気が高く、京都人御用達の和菓子店として知る人ぞ知る店。

この店をお奨めする理由のひとつに、値頃感がある。和洋を問わず、最近の菓子はどうも高価に過ぎる。材料だとか人件費など、それなりの理由はあるだろうが、誤解を恐れずに言えば、たかが菓子ひとつ、である。ちょっと疲れたときに、ひと息入れようとして、気楽に口に運べるものであって欲しい。その点、この店の菓子は他店より、かなり割安である。それでいて手が込んだ作りで、菓子に籠められた心が、じんわりと伝わって来る。気軽な京土産にも最適である。

『松屋常盤』――一子相伝で伝えられてきた名品《味噌松風》とは

Map D

京都御苑の南側。堺町通を丸太町通から南に下ってすぐ、西側のビルの谷間に揺れる暖簾が目印。御所とも縁の深い菓子屋が『松屋常盤《まつやときわ》』。

店名は『松屋常盤』だが、暖簾には〈松屋山城《まつややましろ》〉と染め抜かれている。これはこの店が江戸時代の前期に創業し、禁裏御用《きんりごよう》（皇室御用のこと）菓子屋となって、拝領した官位が

〈山城〉だったからと伝わっている。四百年近い歴史を持つ由緒ある菓子屋だ。

先の『幸楽屋』と対照的に、この店は茶席で使われるような季節の生菓子を得意としている。しかし店にはショーケースがあるわけでもなく、それらしき菓子はまったく見当たらない。

今では少なくなった、典型的な〈座売《ざう》り〉（畳敷きの販売台に商品を並べて売る）の店で、オーダーメイドが中心となる。予め注文しておけば、季節に応じて、上生菓子を作ってくれる。

きんとんなどが代表的な菓子になるが、この店のきんとんは、カメラマン泣かせの異名を取るほどに、繊細に作られている。

写真を撮ろうとして、箱から出すときに、よほど慎重に事を運ばないと、必ず崩れてしまう。その儚さが身上なのだが、撮影は困難を極める。

閑話休題。一子相伝で伝えられて来たこの店の菓子で、一番の人気は〈味噌松風《みそまつかぜ》〉。

大徳寺の和尚が考案したと言われる〈味噌松風〉は、一見してカステラのように見えるが、小麦粉と西京味噌に砂糖を加えて練り、黒ごまを表に散らして焼き上げた菓子。カステラのような、ふんわりした食感ではなく、むっちりと嚙みごたえがある。

明治天皇を筆頭に、歴代天皇にも愛された菓子。〈松風〉の名は、謡曲に由来し、「浦寂し、鳴るは松風のみ」という一節から名付けられたという。裏側には焼き色が付いておらず、寂しげに映る、というわけだ。

風雅な菓銘がついた〈味噌松風〉も注文生産なので、必ず予約をしておいてから店に出向きたい。

『大國屋』――ここにしかない《ぶぶうなぎ》セットのために錦市場へ Map B,E

すっかり観光地化してしまった錦市場。プロが行き交う早朝だけは、辛うじて京の台所としての面目を保っているが、昼を過ぎた辺りからは、アジアの屋台市場さながらの惨状を呈することになる。

元来、日本の市場というものはモノを売るところであって、食べ歩く場所ではない。台所で料理を作りながら、立ち食いしているようなもので、それを衆目に晒《さら》すのだから、本来、行儀が悪いのを通り越して下品極まりない行為なのだ。しかし、店側がこれを助長するような商品を並べ、メディアもそれを流行として採り上げることはあっても、たしなめることなど微塵もない。

かくして錦市場は、質の悪い観光客がたむろする観光スポットに堕してしまった。しかしながら昔の姿そのままに、真っ当な商いを続けている店もあるのであって、そこへ足を向けないというのも実に勿体無い。

たとえば富小路通《とみのこうじどおり》と柳馬場通《やなぎのばんばどおり》の、ちょうど真ん中辺りにある『大國屋《おおくにや》』。ここの鰻などは、質は勿論、焼き加減も極めて良く、わざわざに足を運ぶ価値は充分にある。

更に京土産として格好の、〈ぶぶうなぎ〉セットはここにしかない逸品。鰻とお茶とあられの三つがセットになっているので、ご飯さえ用意すれば、すぐに鰻茶漬けが食べられる。

鰻は愛知県産を実山椒と一緒に、じっくりと煮込んだもの。お茶は宇治の『丸久小山園《まるきゆうこやまえん》』の煎茶またはほうじ茶。あられは『橘屋《たちばなや》』のぶぶあられ。厳選された素材をセットにしたのだから、不味いわけがない。

立ち食い客が出現しない時間に出向き、買い求めたいところ。九時の開店直後がベストタイムだ。

大切な商品を串刺しにして、立ち食いを誘ったり、通りから見える店先で食べさせるような下品な商いは早く改めて貰って、誇り高き、元の錦市場に戻って欲しいものだ。

『菱屋』——二週間も手間をかけて作るおかきの繊細さ

Map エ

花街島原。風格ある遊郭《ゆうかく》の名残りを今に残す島原大門。そのすぐ近くに店はある。

西本願寺の北西の隅。大宮通《おおみやどおり》から花屋町通《はなやちょうどおり》を西に入り、三筋、四筋、壬生川通《みぶがわどおり》を越えると、いくらか花街の風情が漂い始め、やがて突き当たりを少し南に下った辺りに、島原大門が見えて来る。そのすぐ手前の南側に『菱屋《ひしや》』がある。

商うのは〈京おかき〉。一番のお奨めは〈うすばね〉だ。

餅を搗《つ》くところから始め、数日間のし箱に入れておいた、のし餅を薄紙一枚ほどの薄さに伸ばす。これを短冊の形に切って網に並べて天日干しする。魚の干物と同じ理屈。お天道さまが持ち味を一層引き出してくれるというわけだ。だが、魚と違って極薄のおかきは、うっかりすれば風に飛ばされてしまう。ここまででも大変な手間入りだが、これを更に箱に入れて乾燥させる。その後笊《ざる》に入れて、一瞬だけ醤油に潜らせてから、ガスの火で炙《あぶ》る。何しろ薄い生地だから、油断すると直ぐに焦げ付いてしまう。手早く何度も裏返して焼く。そうしてやっと出来上がったものが〈うすばね〉。

二週間ほどもかかって作り上げるこのおかき。手に取ると、その繊細さに誰もが驚く。

その名の通り、薄い羽根は天日干しならではの、美しい反りを見せる。口に入れると、間を置かずに儚く崩れ去り、芳ばしい醬油の香りが舌に残る。

ところで、この店で作られるおかきと、あられとはどこが違うのか。

通常、あられというのは、空から降ってくる雨霰《あめあられ》の、あの霰から名付けられたといい、小粒のものをあられ、それより大きいものを、おかきと呼ぶのが通説になっているようだが、ここのおかきは、それには当てはまらない。薄氷のように繊細で儚い菓子。なればこそ〈京〉を冠している。〈京〉を冠するには、それなりの理由がなければならぬ。付加価値を高めるためだけの言葉であってはならないのだ。

〈うすばね〉だけでなく、〈ひしあられ〉や〈小丸〉〈金角〉など、形も風味も異なるおかきが並ぶ店。京土産を求めるには最適の店である。

『あじき路地』――昔のままの小さな路地に、小さな店が並ぶ Map C

路地裏の銘店を縷々綴《るるつづ》ってきて、この路地のことに触れないわけにはいかない。

近年、京都の路地がここまで注目を浴びるようになったのは、『あじき路地』という存在があったからである。もしも『あじき路地』なかりせば、幾筋かの路地は塞《ふさ》がれ、或いは、そこに路地などなかったかのように、巨大な建築物が建っていたに違いない。

大和大路通《やまとおおじどおり》と松原通が交わる角から、ひと筋西、青果店の横に伸びる細い路地を南に下って行く。次の通りに出る手前右側、銭湯の北側にある、細い路地が『あじき路地』。その名が知られるようになってからは、多くの旅人がこの路地を探してやって来る。外観としては、昔の路地そのままを保ちながら、新たな住人を得て、今ではモノ造りの拠点となっている。

両手を広げてちょうど届くかどうか、という道幅。百歩も歩けばきっと突き当たってしまうだろうほどの長さの路地に、十を超える家が並び、同じ数以上の店舗がある。

和洋さまざまな焼き菓子専門店『Maison de Kuuu』を始め、オリジナルの判子を商う『タカトモハンコ』、日曜日だけパンを売る、その名も『日曜日のパン屋さん』など、何とも愉しい店がずらりと並ぶ。一般には公開していない工房などもあり、事前の確認が必要だが、ふらりと訪ね歩いて、路地の空気を味わうだけでも充分愉しい。

営業一辺倒ではなく、住まう人々の仕事ぶりと、京都を訪ねて来た旅人との接点が、いい按配《あんばい》で絡み合っている。

それはだが、この路地の大家として保存に尽力して来た人に負うところが大きいのであって、そうでなければ、これほどの注目を浴びることはなかったはずだ。

つまりは、京都において、路地や細道は人の心意気に拠って良くもなれば、その逆もある。それを理解した上で、路地に入り込まないと多くを理解することは適わないし、愉しむどころか、路地の住人たちに迷惑をかけかねない。『あじき路地』がそのお手本を示してくれている。

第五章 路地裏細道の美味しい店

なぜ路地裏細道のお店は美味しいのか

表通りにある店と、路地裏の細道にある店は、自ずからその目的が異なる。

多くの目に留まる表通りの店は、誰にでも来て欲しいというサイン。一方で裏道に暖簾《のれん》を上げる店は、限られた客だけを迎え入れようとする徴《しるし》だと思って間違いない。

通常、観光客というものは、よほどの理由がない限り、裏通りや路地裏に入り込むことはない。地元に住む者の目にしか入って来ないそれらは、したがって、口コミサイトを始めとして、メディアに採り上げられる機会も少ない。いわゆる知られざる店。そんな店を見つけるのも、路地裏歩きの愉しみのひとつ。

とは言え、路地裏にひっそり佇《たたず》む店に、いきなり入るのも躊躇《ためら》われるところ。うどん屋や食堂なら問題ないが、割烹《かっぽう》、鮨屋《すしや》ともなれば、予約してからの方がいい。常連客だけを相手にし、一見《いちげん》客を歓迎しない店も、路地裏には散見されるからだ。

それを判別する為にも、気になる店を見つけたら、中の様子を探ってみたい。一見客をも快く迎え入れ、美味しいものが食べられる店。その見分け方を少し。

京都を旅して、朝の路地裏散歩に出向く。初めて歩く道筋で、鮨屋の看板を見つける。

先ずはこの看板が大仰でなく、汚れていなければとりあえずは合格。雨染みが出来ていたり、一部が破損していれば、不合格の烙印《らくいん》を押す。そう、飲食店には何よりも清潔感が大事なのだから。歴史ある古い店であっても、真っ当な店は手入れが行き届き、清潔感が漂っている。いくら新しい店でも掃除を怠っていれば、どことはなしに不潔な感じがする。それが最もよく表れるのは、営業時間外。夜の営業を終えた後、きちんと掃除して帰る店と、そうでないところでは、間違いなく味に差が出る。

夜の営業だけなのに、朝から店の掃除や仕込みが始まっているようなら、きっといい店に違いない。声を掛けて料理のあれこれを尋ねてみる。値段はいくらくらいで、どんなものが食べられるのか。懇切丁寧に応対してくれれば、その場で予約すればいい。突《つ》っ慳貪《けんどん》だったら他をあたる。ネットや電話予約では、こういう感触は得られない。自分で見つけ、直接店の空気を確かめれば、店選びでの失敗はなくなる。

口コミサイトには膨大な数の書き込みがあり、個人のグルメブログも、東京を除けば、他都市に比べて圧倒的に多いだろうと思う。更には、俗に言うグルメ本も京都では数多く出版されている。きっと京都を訪れる多くの旅人はこれらを参考になさるだろうが、あくまで参考程度に留めておかれるのがいい。まるごと信じ込んでしまって店を選び、大失敗となるケースもよく見かける。

特に注意したいのが、広告紛《まが》いのブログ。最近流行りのステマ（ステルスマーケティング）と呼ばれる巧妙な隠れ広告を書き込むブログ。一見すると美味しい店をアトランダムに紹介しているように見えるが、よく観察すると、毎月同じ店が、決まった時期に掲載されている。

とあるブログでは、京都の喫茶店チェーンの料理を毎月紹介している。何の変哲もない喫茶店なのだが、名のある板前割烹や有名レストランの間に潜り込ませると、如何《いか》にも銘店のように見えてしまう。

これを信じてハンバーグを食べたら、何処にでもある普通の味だった、という書き込みもあった。

相性もあり、好みも人それぞれなので、やはり店は自分で選びたいもの。その為にも京都では裏道へ入り込んで、この目で見つけたい。

隠れ家鮨屋から、気軽なうどん屋まで。歩いて見つけた美味しい店を何軒かご紹介しよう。

京都で〝江戸〟!?

『鮨よし田』――京都で食べる極上の江戸前は、格別

Map F

路地裏細道の美味しい店といって、真っ先に思い浮かぶのがこの店。左京区下鴨《しもがも》。京都でも有数の高級住宅街に暖簾を上げる『鮨《すし》よし田』。京都では貴重な江戸前鮨をメインにする店だが、鮨だけに留まらず、旬の美味が揃《そろ》い、鮨前のあれこれが愉しい店でもある。

カウンター八席ほどの小さな店。手軽な昼どきは観光客も少なくないが、夜は地元の食いしん坊が集まる。近所のお馴染《なじ》みさんが世間話に興じながら、季節の味に舌鼓を打つ。

経木《きょうぎ》に書かれた本日のお奨め料理を見ながら舌なめずり。夏場なら何と言っても鱧《はも》。落とし、小鍋立ての鱧しゃぶ、焼き鱧、フライ。鱧をどう料理してもらうか、大いに悩むのも愉しみのひとつ。

秋ともなれば松茸《まつたけ》が、冬には牡蠣《かき》や河豚《ふぐ》、そして蟹《かに》。極上の素材を自在に料理し、豊富なバリエーションで客の舌を悦ばせる。

酒を飲みながら、あれこれ摘んだ後は、江戸前の鮨が待っている。甘みを抑えたシャリ

に、ひと手間加えたネタが載る鮨は至極小ぶり。棒寿司、箱寿司が主流をなす京都の鮨屋にあって、人肌のシャリを握る江戸前は異端にも思われがちだが、真の京都の旨いもの好きは、何ほども気にかけることなく、足繁く通う。

「どや？　シンコはまだか？」

すっかり江戸前鮨に魅了され、鯖寿司《さばずし》一本槍《いっぽんやり》から宗旨替えした京都人も数知れず。

地元客が主体なれど、排他的な空気は一切ない。旅人も優しく包み込む温かさがある店。まさしく路地裏細道の名店である。

『鮨まつもと』——鮨は江戸前なれど、店内ははんなり Map C

江戸前鮨の店をもう一軒。こちらは東京は新橋の名店の流れを汲《く》む、バリバリの江戸前鮨屋。

四条花見小路《しじょうはなみこうじ》。京都が最も艶やかな表情を見せる界隈であるとともに、多くの観光客が行き交う喧騒の道筋でもある。その花見小路通を南に下り、ひと筋目を西に入って暫《しばら》く歩くと『鮨まつもと』と染められた、粋な暖簾が目に入る。

わずかひと筋入っただけで、かくも空気が異なるのか。きっとそう思うだろうほどに、店はしっとりと落ち着いた雰囲気に包まれている。

長く江戸前鮨不毛の地と言われた京都に、正統派の江戸前鮨を持ち込んで来たのがこの店。これで東京まで足を運ばずともいい、と京都の江戸前鮨ファンは諸手を上げて迎え入れた。

爾来《じらい》、しっかりと京都の地に馴染み、鮨は江戸前なれど、店の中には、はんなりした京都の空気が流れるに至った。故に、東京から通う客も少なく無いと聞く。

小さなテーブル席もあるが、基本はカウンター。小体《こてい》な店なので予約は必須。夜は一杯飲みながら、腰を落ち着けてとなるが、昼ならサッと摘んで鮨本来の味を愉しむのも一興。ランチタイムのお値打ち価格も鮨好きには嬉しい。

『点邑』――名旅館「俵屋」の客も通う天麩羅屋

Map B

江戸前鮨もそうだが、天麩羅屋《てんぷらや》も東京に比べて、段違いに少ない。日本料理店で天麩羅も食べられる店はあるものの、カウンターで揚げ立てを食べられる、本格的な天麩羅屋は数少ないのが京都という街。

御幸町通《ごこまちどおり》に面してはいるが、店は二階にあるので目立たず、うっかりすると通り過ぎてしまいそうになる。

三条通から御幸町通を南に下り、六角通までの、ちょうど中程。路地行灯に書かれた『点邑《てんゆう》』の文字が目印。

ここをお奨めするのは、ただ天麩羅が美味しいというだけではなく、日本一の名旅館『俵屋旅館』の、もてなしの一端を感じ取れる店だからである。

この名旅館のことについては、幾ら紙数があっても足りないほどだが、それはさておき、この『点邑』。元を正せば『俵屋』に連泊した客の昼食処として始まったというから、まさに『俵屋』別館と言える。

ランチタイムは〈点心てんぷら〉と名付けられた軽めのコース。天丼もセレクト出来る。本領を発揮するのは、やはり夜のコース。天麩羅だけのコースもあるが、〈懐石てんぷら〉コースがお奨め。季節の食材をふんだんに使った懐石仕立ての料理と、名物天麩羅の折衷コース。

ありきたりの京懐石では物足りず、しかし天麩羅だけというのも寂しい。そんなワガママな要望に、しっかりと応えてくれる。

きちっと油の切れた、軽い天麩羅も秀逸だが、焼物や煮物など、洗練された料理の数々も、さすが『俵屋』ゆかりの店、と思わせる。

持ち帰り専用の、月替り弁当も愉しい。覚えておけばきっと重宝する店。

京都の和食でぜいたく

『桜田』――厳選された素材の〝ありのまま〟を大切にした日本料理の名店　Map E

フランス発祥のレストラン格付け本など、京都に於《お》いては、まったくと言っていいほどあてにならない。フレンチの発想と日本料理の有り様は全然違うからであって、日本人が日本料理店で食事をするときの心構えと、フランス人がフレンチを食べるときとでは大きな差異がある。

たとえば器ひとつとっても、日本料理の店では細やかな季節の移ろいに応じて使い分けるが、フレンチではそういう発想はない。そもそもが、器の大きさから形、そして素材も異なる。焼物とひと口に言っても、陶器、磁器、染付、焼締、など細分化され、更には漆器や金器、ガラスに至るまで、様々な器が膳に上り、それらのひとつひとつに、季節料理との相性を考えて、主人が選びに選んだものである。その細やかな意図が、調査員だか何だかに理解出来るワケがない。

最初からそんな愚痴っぽい話になったのも、僕が、京都でも指折りの名店として強く推挙する『桜田《さくらだ》』が星の数を減らされたからだ。どうにも納得がいかない。先に書いたような器遣いのみならず、料理の味は勿論、組み立て、盛り付けなど、どれをとっても申し分のないもの。

その『桜田』もやはり路地裏細道に暖簾を上げている。

烏丸通《からすまどおり》から、仏光寺通《ぶっこうじどおり》を東に入って、ひと筋目の路地を南に下る。左手に掛かる大きな暖簾が店の目印。

店に入ってすぐはカウンター席。その奥がテーブル席。更にその奥に座敷という客席構成。ひとり客からグループ客まで対応できる。

この店の料理。何が嬉しいかといって、妙な創作料理は一切なく、素材をありのままに、真っ直ぐに料理した本筋を貫いていること。今ドキの若手割烹にはない、王道を行く安定感がある。器を生かした季節の八寸《はっすん》も、四季の移ろいをきちんと表現しながら、品良く収めている。過剰な演出もなければ、華美に過ぎることもない。厳選された食材を正しく調理し、客に大きな満足感を与える。

昼も夜も適価で京都らしい日本料理を堪能できる貴重な店。

『燕en』――正統派の和食店だが、その範疇にとどまらない、お気に入り店 Map エ

僕には、紹介するのを躊躇《ためら》う店というのが時々出現する。それは紹介するに値しない、のではなく、むしろその逆とも言っていい。流行り過ぎて、行きたいときに予約が取れないようになったら、どうしようという逡巡《しゅんじゅん》。

苦い経験を何度も繰り返して来ている。たとえば銀閣寺《ぎんかくじ》の畔《ほとり》にある店。

オープンしてひと月余りの頃に店を訪れて、その料理の素晴らしさに感動し、間を置かずメディアで紹介したところ、あれよあれよという間に、超が付くほどの人気店となり、京都でも一番予約が取り辛い店となってしまった。

それから何年か経って、近江草津で、この銀閣寺の流れを汲む店に偶然出会った。ここも又開店して間なしだったから、ふらりと訪ねても大抵空席はあった。江戸の仇《かたき》を長崎で、ではないが、銀閣寺の店に寄り付けなくなった鬱憤を晴らせとばかり、毎週日曜日の夜はこの店で舌鼓を打った。

そのあまりの使い勝手の良さに、ついうっかりメディアの仲間と連れ立って行き、紹介

するハメになった。

結果、銀閣寺と同じ運命を辿ってしまった。近江草津だから、という油断もあったが、まったく予約が取れなくなり、しぶしぶ諦めるに至った。

ここも又同じような経過を辿《たど》るような気がする。

前の通りは一方通行ではなく、細道の店とは言えないかもしれないが、京都駅の裏道という点で、隠れ家の要素は充分。

僕は、週の後半は原稿を書くためにホテルに自主カンヅメになっている。定宿はこのすぐ近くにあり、通りかかって偶然見つけたのが、この店。実はこの店、以前は別の名の店で、そのときはまったく気にならなかったのが、今の店になったのを見て、俄然《がぜん》興味が湧いた。

大きく店が変わったわけではなく、派手なオープニングセレモニーがあったのでもない。だが何となく、気になる。機会を得て店に入ってみて、その有り様に、すぐさまお気に入りの店になった。

基本的には正統派の和食の店だが、その範疇《はんちゅう》に留まることなく、自在にアレンジした料理が並ぶ。それもおまかせ一本ではなく、アラカルトが主体というのが気に入った。そして僕の好きなスパークリングワインもちゃんと置いてある。これが一番嬉しい。

還暦を越えて、さほど多くの量を必要としなくなった。泡のボトルを傍に置いて、品書きを眺めながら、次は何を食べようか、と迷っている時間が何より愉しい。ベルトコンベアよろしく、次から次へと料理が出て来て、それを食べるのに追われる、というのが最も苦手。

京都駅から歩いて五分とかからないのも便利。京都旅の〆にふらりと店に入り、新幹線の時間待ちの間に軽く飲んで食べて、という使い方も出来る。そのためにはこんな本で紹介してはいけないのだが。

『千ひろ』――この椀を味わうためだけにここを訪れたくなる、京割烹店　Map B,C

佇《たたず》まいも京都らしければ、料理も「如何にも京都ならでは」といった風情の京割烹。こと祇園界隈だけに場所を絞っても、今やその数は優に百軒を超える。が、その中で、安心して奨められる店と言えば、十指にも満たない。更に路地裏細道の店となれば、ここを置いて他にないだろう。祇園石段下近くに暖簾を上げる『千《ち》ひろ』は、京割烹初心者から、京料理へビーユーザーまで、誰もが必ず満ち足りて店を後に出来る貴重な店。

八坂神社の朱の鳥居を背にして、四条通の北側を西へと歩く。うっかり見過ごしてしまいそうな細い路地を指折り数えて五つ目になるだろうか、そば屋と和菓子屋の間の狭い路地を北に上るとやがて、『千ひろ』の暖簾が見えて来る。

引き戸をガラガラと開けて、右にカウンター、左に座敷という配置。ひとり、ふたりならカウンター席。人気の店ゆえ、昼も夜も予約は必須。

この店を語るときに欠かせないのが、先代の話。四条通を挟んで向かい側、同じような細い路地奥に暖簾を上げる『千花《ちはな》』の名は、少しでも京都の食に通じている者なら、誰もが知る。その店の当代は『千ひろ』の主人の実兄にあたる。

『千ひろ』は『千花』の流れを汲みながら、独自のスタイルを編み出した店なのである。

無論、当代になった今も『千花』は名声を恣《ほしいまま》にする店だが、とりわけ先代の主人が、傑出した料理人だったことは伝説ともなっている。明石の鯛《たい》を始めとする、食材を見る目の確かさ、伝統を守りながらも先進性を取り入れた料理の数々、カウンターを挟んでの、客との遣り取り。すべてが今の京割烹の礎《いしずえ》となっている。

その先代を彷彿《ほうふつ》させる料理。今ドキの割烹にありがちな派手な趣向もなく、殊更に飾り立てた八寸があるわけではない。だが、これこそが京都という街に最もふさわしい料理だと、食べ終えて分かる店。

造り、焼魚、煮物など至極当たり前のようにして出される料理の、ひと皿ひと皿に誰もがうなる。食べて旨いことが料理の基本だ、と改めて気付かせてくれる料理。出色は椀《わん》。

このひと椀を味わうためだけに、この店を訪ねてもいい。そう思えるほど『千ひろ』の椀は滋味深く、繊細な味わいながらも、力強い後口を残す。流行りの店だけを追いかけていたのでは、決して真髄に辿り着けない。それが京都の料理である。

『上賀茂秋山』――市街から外れた鄙の地で舌鼓が打てる、唯一無二の店 Map A

最初にお断りしておかねばならないが、予約の取り辛い店である。半年や一年も待つなんていうほどではないが、今日思い付いて食べに行ける店でないことだけは、たしかなので、ご希望の向きは早めに予約の電話を。

昼も夜も、おまかせコースだけ。カウンター十二席ほどの小さな店は、店名が示す通り、洛北上賀茂《らくほくかみがも》にあるのだが、世界文化遺産の『上賀茂神社』からは少しく離れていて、分かり辛い場所に建っている。

『上賀茂神社』、一ノ鳥居前から東に伸びる道を真っ直ぐ進むと、ひとつ目の信号はカキツバタの庭で有名な『大田神社《おおたじんじゃ》』前。そこを通り過ぎ、更に東へ歩く。と、やがて突き当たりになり、左右に道が分かれる。これを左にとってすぐ右手。山裾に数段の石段があり、その奥の門に〈上賀茂　御料理秋山《おりょうりあきやま》〉と木の看板が掛かっている。如何にも市中の山居といった趣き。

門を潜って引き戸を開けて店に入る。右手が囲炉裏を備えた待合になっていて、ここで迎えのお茶が出される。しんと静まり返った土間の、小さな窓から鳥のさえずりが聞こえてくる。

洛北上賀茂は鄙《ひな》の地である。お茶を飲んで暫く経って案内されるカウンターで、次々と出て来る料理を食べる度に、客はその思いを強くする。なぜ、これほどの人気店が華やかな祇園ではなく、この地、上賀茂にあるのか。その答は、素にして実直な料理の中に潜んでいる。

無論、祇園界隈の割烹と同じように、季節になれば鱧や牡蠣、蟹も料理されるが、どことはなしに、鄙の空気を含んでいる。そしてその逆に、野にある素材を使うときは雅《みやび》な風を孕《はら》んでいる。きっとこれがこの店の人気の秘密だろうと思う。似たような店など他にない。唯一無二の店。

市街地の北の端とも言える場所なればこその料理。ひと月前の予約開始を待って、電話を掛け続ける価値はある。

『祇園丸山』――真っ当な日本料理の伝統を継ぐ、創意工夫に満ちた第一級店 Map C

四条花見小路。この北西角から南東方向を眺めると、如何にも京都だなと思わせる光景が広がる。東に八坂神社、南に一力茶屋《いちりきちゃや》。朱塗りとベンガラのコントラストが絵になる。

この視界に入っているところに、一体何軒の店があるだろうか。祇園町南側。入り組んだ細道に、ひしめき合うように暖簾を上げる店が、その味を競い合っている。銘店も少なくないが、駄店も多い。

たとえ表通りでなくても、祇園町に店を構えているというだけで目立つ。かつ、その情緒溢れる町並みに紛れていると、如何にも京都らしい銘店に見えてしまう。

雨後の筍のように、と言っては失礼かもしれぬが、この界隈には行く度に新しい店が出来ていて、それも地方からの進出組だったり、大手資本の系列店だったりする。京都とは縁もゆかりもないが、ここで店を出せば流行るだろうという意図があからさまな店。こんな店で食事をして、京都を味わったと錯覚している向きも多い。叶うなら、しっかりと京都に根付き、一定の評価を得ている店で、祇園ならではの空気を味わいたいもの。

四条花見小路を東へ。四条通の南側を歩いてひと筋目の角を南に下る。と、すぐに突き当たる。これを左へ。すなわち東に向かって、又ひと筋目の細道を南に下る。

通りの中ほど。右側にあるのが『祇園丸山《ぎおんまるやま》』。正しく京都の日本料理を伝えている、数少ない銘店である。

京都で日本料理を食べるとなると、まずは料亭か割烹かという選択肢がある。その違いはと言えば、座敷で会席料理を食べるのが料亭。カウンター席で即興料理を食べるのが割烹。本来はそういう図式だったのが、どうも近頃の割烹は、即興料理というより、おまかせ創作料理といった風で、その場で臨機応変に対応してくれる店が、随分と少なくなった。

であるならば、床の間の設《しつら》えを始めとした、季節の趣向を満喫できる空間を持つ料亭の方が愉しいのではないか、という声も少なくない。一方でやはり、料理が出来上がっていく様を間近に見られる割烹も捨て難い。両方の狭間で揺れ動く向きにお奨めするのが『祇園丸山』。

設え、器、盛り付けの趣向。どれをとっても、真っ当な日本料理の伝統を正しく受け継いでいる店として『祇園丸山』は第一級の店である。でありながら、創意工夫に満ちた、先進的な料理の手法をいち早く取り入れた店でもある。つまりは、良い意味で、いいとこ取りをした店なのである。

京都で日本料理を食べようとして、店に迷ったときは、先ずこの『祇園丸山』の暖簾を潜るのが一番の策である。

『近又』――「日本旅館で食事」も、京都人の愉しみ方

Map B,E

京都で日本料理を食べるとなって、割烹か料亭か、いずれにするか迷うところ。と先に書いたが、実はもうひとつの選択肢がある。それが日本旅館。

旅館というくらいだから、当然のことながら主体は宿泊。ではあるが、地元京都人は屢《しば》屢《しば》、食事場所を旅館に求めることがある。

ちょっとした祝い事や法事、接待の機会などがあると、昼でも夜でも、予め旅館に頼んでおいて、席を設けてもらう。何しろ宿屋なのだから、安心して接客を任せられる。部屋の設えなどはお手のもの。加えて比較的リーズナブルに料金設定されているので、それも又ありがたい。

とは言え、観光に京都を訪れて、旅館で食事となると、それなりの心づもりも必要で、

何かとハードルも高いように思われる。だが案ずるより産むが易し。京都人だろうが、観光客であっても、一見でも常連でも関係なく、部屋の空きさえあれば食事のみでも引き受けてくれるのが、大方の京都の旅館。僕が日本一の名旅館『俵屋』デビューを果たしたのも、数名で予約した夕食だった。

そんな京都の旅館にあって、外来客用の食事スペースを設けたのが、錦市場近くにある『近又』。国の登録有形文化財に指定された旅館の玄関を潜り、そのまま奥へ進むとテーブル席が広がっている。

このテーブル席なら昼は五千円、夜でも一万円から、季節感溢れる京都ならではの懐石料理が食べられる。そして特筆すべきは、この店では朝食も食べられるということ。

旅館の朝食というものは、独特の魅力を秘めている。旅先で日本旅館に泊まって、一番の愉しみは朝ご飯だったりする。それを泊まらずとも食べられるのだから、何とも嬉しい話。

とは言え、この店が本領を発揮するのは懐石料理。それも錦市場に近いという地の利を生かした料理。

先の章でも書いたように、昼間の錦市場は観光客に向けた商いが主になっているが、本来の姿ともいえる、プロ向けの市場として機能している。長い間に築かれた関係を生かして、錦市場の店から最良の食材を仕入れ、磨きぬかれた技で調理する。

たとえば夏から秋にかけて、京料理の代名詞ともなる鱧料理。生から始まり、焼いたり揚げたりと、自在に料理した鱧が旨い。近年の人気は鱧しゃぶ。秋ともなれば松茸も加わり、この上ない贅沢が堪能できる。

加えて、その設えの素晴らしさも特筆モノ。庭の造り、床の間の設え、すべてに正しく京都の伝統を引き継いだ空間で、京都ならではの懐石料理を食べる時間は、何ものにも代え難い。日本旅館で食事する。これも又、細道の愉しみ。

京都は洋食天国

『モリタ屋木屋町店』――鴨川の川床で食べるすき焼きは、格別の味

Map B

京都人の牛肉好きは筋金入りといってもいい。雅なイメージとは反対に、牛肉消費量は日本全国の中でも常に上位に入っているという。

文明開化と同時に、いち早く洋食屋や牛肉料理店がオープンし、新しもの好きの都人が

馳《は》せ参じたと伝わっている。

そんな歴史的背景に加えて、京都という街は、牛肉好きにならざるを得ない、地理的な特徴があった。それが名牛トライアングル。

京都の西方向には名牛の元祖とも言える丹波牛《たんばうし》。東方には近江牛《おうみぎゅう》、東南方向には松阪牛《まつさかうし》。日本を代表する名牛が作り出す三角形のちょうど真ん中に位置するのが京都というのも、偶然ではあるまい。一大消費地を見据えての産地となっただろうと推するのは、些《いささ》か強引に過ぎるか。

今でこそ子供に好物を聞けば、真っ先に焼肉を挙げるだろうが、僕の子供の頃は何といってもすき焼き。一番のご馳走だったのである。

家で鍋を囲むのも悪くはないが、店に出向いてプロのすき焼きを味わうのは、格別の贅沢感がある。

老舗牛肉料理店『三嶋亭《みしまてい》』を始めとして、京都には多く牛肉料理の店があるが、路地奥に潜む名店と言えば、『モリタ屋木屋町店《やきやまちてん》』。

木屋町通の三条通を上ってすぐ。東側に狭い間口に暖簾が上がり、その奥に長く続く路地を抜ければ店に辿り着く。

典型的な鰻の寝床は、鴨川にまで伸びていて、たくさんの座敷の奥には川床の設えがある。

京の夏の風物詩を代表する鴨川の川床。旅人の憧れでもある。二条辺りから始まって五条近くまで、ずらりと居並ぶ川床の店だが、値段との釣り合いが取れず、満足出来る店は意外に少ない。そこでこの『モリタ屋木屋町店』。京都らしい旨い肉が食べられて、かつ川床情緒も味わえるという、一挙両得の店。五月から九月まで限定だが、お奨めは五月と九月。いかに川床といえども、真夏の京都は想像を絶するほどの暑さに襲われる。五月、九月なら川風がちょうどいい按配に吹いてくれる。

すき焼きもいいが、京都名物とも言えるオイル焼きがいい。値段によってヒレかロース。中ほどのランクだとロースが二枚、ヒレが一枚、合計で百五十グラムだからちょうどいい量。

先付《さきづけ》が出て来た後、円卓の真ん中に置かれたコンロの上で分厚い鉄板にオイルが敷かれ、そこで肉と野菜を仲居さんが丁寧に焼いてくれる。付けタレは黄身おろしにたまり醤油を加えたもの。あっさりした味付けで、さっぱりと肉が食べられる。思わず追加を頼んでしまいそうだ。

川床の時期を外したら、座敷でしっぽりとすき焼きがいい。夜の鴨川を眺めながら、座敷で鍋を突くのも格別の風情がある。

もちろん牛肉そのものが上質なのだろうが、どうもそれだけではないような気がする。京都という街で牛肉を食べるというシチュエーションが、肉の旨さをより一層高めてくれるのではないか。そう思えるほど、この店で食べる肉料理はどれも美味しい。

『洋食の店みしな』――正しく継承された〝花街の洋食〟で、本当の京都らしさを Map C

京都といえば、どうしても和食のイメージが強いが、洋食の名店も決して少なくない。それには大きくふたつの理由があって、先ずひとつに花街での需要が挙げられる。

祇園の北と南、先斗町《ぽんとちょう》、宮川町、そして上七軒《かみしちけん》。五つの花街を彩る芸妓舞妓たちを誘って、旦那衆がご飯食べに勤しむ。その行き先は、和食より洋食が多くなる。なぜか。芸妓や舞妓にとっては、お座敷で毎度食べる和食に些《いささ》かなりとも、飽々している。

「何処か行きたい店あるか？　なんぞ食いたいもんがあったら言うてみい」

と旦那衆から言われて、舞妓が真っ先に洋食の名店を挙げる。

『つぼさか』はんのコロッケ食べに、連れていっとぉくれやすか」

「ええなぁ。わしもあそこの蟹の身がようけ入ったコロッケ好物やねん」

と話がまとまって、祇園富永町《ぎおんとみながちよう》の店へと向かう。


かかる流れがあって、祇園を始めとした花街に洋食屋がその味を競い合うことになる。それは今に続くものの、バブルの影響や世代交代のせいもあって、移転を余儀なくされた店も多くある。そのうちの一軒。

名店『つぼさか』は惜しまれつつ、その暖簾を下ろしたが、流れを汲む店は今も清水二年坂近くにあって、『洋食の店みしな』という。

修学旅行生、外国人観光客、ニセ舞妓が行き交う二年坂に京情緒を求めるのは酷というものだろう。錦市場同様、観光スポットに成り下がった道筋に見るべきものなどない。石段の道から路地に入り、暖簾を潜れば、そこはもう別天地。正しく継承された花街の洋食が、かつての栄華そのままに、燦然《さんぜん》と輝いている。

洋食屋といっても、そこは花街ご贔屓《ひいき》の名店。手軽とはいかないが、きちんと予約をしてカウンターに座れば、京都ならではの正しい洋食を堪能出来る。

たとえば、ランチタイムのフライ定食は三千六百円。高いようにも見えるが、至極丁寧に作られただろうと分かる、ポタージュスープから始まり、質も量も満足出来る海老フライと蟹クリームコロッケの盛り合わせが出て、〆はサラサラと京都らしいお茶漬けへと続くのだから、充分お値打ちだと言える。観光地で幟《のぼり》を立てて客寄せする和食店で、作り置きの京料理モドキを食べるよりも、余程こちらの方が京都らしさを味わえる。

『グリル富久屋』――舞妓さん好みの洋食をお気軽に

Map C

同じ花街にある洋食屋でも、こちらは至極気軽な店。店の前を通りかかって、ふらりと入り、洋食弁当に舌鼓を打つのは至福のひととき。

川端通から松原通を東に入ってすぐ左側。サンプルショーケースもある、喫茶店風の構えがいい。『グリル富久屋《ふくや》』はしかし、創業百七年の歴史を誇る老舗洋食屋。

店に入る前に、宮川町を暫し散策。松原通を少し東に歩けばすぐに宮川町通に出る。近年石畳に改装され、情緒漂う路になった。少しばかり北に上れば、芸妓舞妓が稽古に通う歌舞練場《かぶれんじょう》がある。

夏場の急な夕立にでもなれば、髪を結った浴衣姿の舞妓が、傘をさして石畳を歩く姿などは実に絵になる。花見小路辺りで、しつこく付きまとうカメラオヤジも宮川町には殆《ほとん》ど居ない。これも細道ならではのこと。

さて店に戻って、名物フクヤライスをオーダー。花街らしいビジュアルのオムライス。運が良ければ、隣のテーブルでスプーンを口に運ぶ舞妓に出会えるかもしれない。

近頃都で流行るもの。ニセ舞妓と本物を区別するのは実に簡単。大口開けて食べていればニセ者。歩く姿でもはっきりそれと分かる。すべてに控えめなのが本物の証。

この店の洋食弁当。ハンバーグも、コロッケもひと口サイズ。それは偏《ひとえ》に、大口を開けなくても食べられるように、との舞妓への配慮。人気メニューの海老フライサンドも、斜めにカットして食べやすくしてある。花街ならではの気軽な洋食屋。

『ビフテキのスケロク』――懐かしのビフテキをおまかせコースで

Map G

祇園、宮川町など、繁華街にある花街とは少し様子が異なる上七軒。ここは、北野天満宮のすぐ近くにあり、秀吉ゆかりの花街だ。

ここも又、ご飯食べの為の洋食屋が何軒か軒を並べている。そこから少し離れた千本今出川に店を構えていた『ビフテキのスケロク』が、京都でも有数の住宅街に移転した。

時代の移り変わりに合わせ、店の在り処は変わっても、出される料理も気構えも変わることがないのは『洋食の店みしな』とまったく同じ。

店の名が示す通り、名物はビフテキ。今では大抵の店がステーキと呼んでいるが、かつては多くがビフテキを名乗っていた。その懐かしさを残しながらも、進化を続ける店の夜のおまかせコースが愉しい。

僕の好きなスパークリングワインがあるのも嬉しい。泡を片手に、ひと口クリームコロッケ、ミニハンバーグ、そしてミニビフカツと、洋食の王道が少しずつ出て来る。大人のお子さまランチ、といった風だ。冬場ならこの後に海老フライと共に牡蠣フライが登場。弥《いや》が上にも洋食気分は盛り上がる。

そしていよいよ真打ち登場。楕円形の鉄板プレートに載って、焼き立てのビフテキが運ばれてくる。

スライスした玉葱《たまねぎ》の上に横たわるビフテキは、既に味が付いていて、そのまま食べる。レモンスライスとバターが上に載るのもお約束。かつてステーキというものは、概ね、こんな風だった。自分でタレを付けて食べるようになったのは、鉄板焼店でステーキを食べるようになってからだろう。

懐かしのビフテキの後は、〆の海老ライス。これも又懐かしくも美味しい。こんなコース仕立てで洋食を思う存分愉しめるのも、路地裏ならではのこと。

『はふう』――京都で肩肘張らずに美味しいステーキを食べる

Map D

昔ビフテキ。今ステーキ。時代は変われど、シンプルに牛肉を焼いた料理の人気は衰えることなく続いている。

洋食の元を辿《たど》れば、文明開化に行き着き、そのきっかけとなったのは肉食解禁。長く日本では禁じられていた肉食を明治になって一般にも開放したことから、一気に洋食ブームが巻き起こった。

日本最初の洋食店は長崎の『良林亭《りょうりんてい》』と言われ、その店の主人、草野丈吉《くさのじょうきち》はいち早く京都に支店を出した。

祇園の料亭を買収し、洋風に改装した洋食屋は一躍人気を呼び、やがて『自由亭』と名を変え、京都のみならず、関西一円から客が押し寄せたという。その一番人気がビーフステーキだったことは、容易に想像が付く。かくして京都に行くと、旨いステーキが食べられると伝わって行った。

京都で美味しいステーキを、それも肩肘張らずに食べられる店と言えば、『はふう』を置いて他にはない。麩屋町通と夷川通、二軒の店を構えるが、どちらを訪ねても、落ち着いた空間の中で、上質のビーフステーキを食べられる。二軒ともカウンター席を備えているので、ひとりでもゆっくり愉しめる。

ランチタイムにはハンバーグやハヤシライスなど、ステーキと同じ肉を使った手軽な料理もあり、人気を呼んでいる。京都で食べる肉はなぜ、こんなに美味しいのか。誰もがそう思う店も、やっぱり広い表通りではなく、狭い細道にある。

『キッチン・ゴン』――西陣の職人たちの胃袋を支えてきた洋食店

Map D

京都の洋食屋が花街を中心にして栄えて来たのと、もうひとつ。別の流れもあって、美味しい洋食屋が京都の街に点在するようになった。

今もその片鱗は窺《うかが》えるが、かつて京都の街には職人が溢《あふ》れていた。西陣織《にしじんおり》や友禅染《ゆうぜんぞめ》などの和装関係から、宮大工、庭師、表具職人、陶工など、京都の伝統文化を下支えする職人が多く働き、忙しい合間を縫って、手軽に美味しく食べられて、かつ満腹感の得られる料理として、洋食が選ばれるようになったのも当然の帰結だった。

和装業界の中心として知られる西陣。ここにも美味しい洋食屋が何軒もある。二条城の北、堀川通から西へ下立売通《しもだちうりどおり》を辿った細道にある『キッチン・ゴン』がその代表。

今では随分と少なくなったが、それでもこの界隈を歩くと、どこからともなく機音が聞こえて来る。西陣織の職人たちは短い昼休みに競うようにして、この店で空腹を満たす。その一番人気が『キッチン・ゴン』名物のピネライス。

焼飯の上にカツが載り、その上からカレーソースがたっぷり掛かった、ワンプレートのライスもの。焼飯の味付けや、カツがビーフかポークか、などのバリエーションがあり、更にはサイズも大小があり、ニンニクの味が効いたガーリックピネ、だとか、ドライカレーにとんかつの載ったハーフサイズの、ハーフドライピネ・ポーク、など、細かなオーダーがあちこちで飛び交う。

無論この店のメニューはそれだけではなく、ありとあらゆる洋食メニューがあり、セットメニューも豊富。それをテキパキと作り分けて行くシェフも熟達の職人なら、食べる側も職人。客が店を育て、店はそれに応えるという、典型的な京都の店。メニューを眺めるだけでも愉しい。

『キッチンパパ』——米を美味しく食べるために出来た、お米屋さんの洋食店

Map G

西陣の北西の外れ。千本通から上立売通を東へ入ってすぐのところにある、『キッチンパパ』は、老舗洋食屋とはちょっと違う経緯で出来た店。表構えからして、普通の店とは違う。なんと表はお米屋さん。それも大米という名だから、一見ジョークのようだが、本名だというからちょっと驚いてしまう。

安政三年（一八五六年）の創業というから、百五十年を超える歴史を持つ、由緒正しき米穀店。そのお米を美味しく食べるために出来た洋食屋と言ってもいいほど、ご飯によく合う洋食の食べられる店として、近年その人気は鰻《うなぎ》登り。隠れ細道にあるのに、昼どきなどは行列が出来るほど。

その日に精米したご飯のおかず。一番人気はハンバーグ。野菜や牛肉をじっくり煮込んだデミグラスソースと、炊き立てご飯の相性はすこぶるいい。数量限定ながら、玄米ご飯が用意されていたり、ご飯のお代わりが無料というのも、お米屋さん併設の洋食屋ならではの、嬉しいサービス。

豚の生姜《しようが》焼き、チキン南蛮、海老フライといったお馴染《なじ》み洋食と、名物ハンバーグのセットにしてもいい。いずれも千円程度という価格もありがたい。

ジャズが流れる洋食屋は、夜ともなれば、ワイン片手に洋風おつまみと〆の洋食を愉しむ客で賑わう。米屋が始めた洋食屋も、いつかは老舗と名の付く店へと進化していく。これも又京都の奥深さを表している。

『洋食のらくろ』——京都の学生にも人気のトルコライスが食べられる店

Map F

左京区下鴨。京都でも有数の文教地区の一角にある『洋食のらくろ』は、老舗洋食店ながら、いくらかモダンな空気が流れている。

言わずと知れた京都大学を始めとして、京都工芸繊維大学、京都精華大学、京都造形芸術大学、京都ノートルダム女子大学など、左京区にキャンパスを置く京都の大学は少なくない。地元京都はもちろん、地方からやって来た学生たちの胃袋を満たして来たのも、また洋食屋なのである。

下鴨神社のほど近く。下鴨本通と並行して南北に伸びる下鴨中通にある。下鴨本通から少し入っただけだが、静かな住宅街。うっかりすると通り過ぎてしまう。

名物はトルコライス。長崎のローカルグルメとして知られるが、この店のそれは独自のスタイル。言ってみれば洋風カツ丼。

炒めたケチャップライスの上に、ひと口カツを卵でとじたものが載り、その上からサラリとドミグラスソースがかかる。食べ飽きない味で、ちょっとクセになる。

近年は観光客にも人気で、お昼の開店前には行列が出来るようになった。初めての客は大抵がこのトルコライス。賑わいが一段落した後に、おっとり刀で店に入って来る地元客は、洋食盛り合わせのランチ。

僕は大抵B定食。ハンバーグと海老フライ、蟹クリームコロッケの黄金トリオ。どれもが優しい味で、胃もたれ無縁の洋食。冬場になると牡蠣フライもメニューに上り、自家製タルタルソースと抜群の相性を見せる。

先代からの付き合いになるが、当代主人とマダムとの息の合った連携プレーで、混み合っていてもイラつくことがない。居心地のいい洋食屋も又細道にある。

『板前洋食彌生』——よほどの京都通でなければ知らない、美味お約束の隠れ家 Map E

よほどの京都通でなければ、この店の存在は知らない。昔気質の料理人が居て、一見すると、とっつきにくそうな店だが、席に着いてみると、その居心地の良さに頰が緩み、肩の力もすーっと抜けていく。

烏丸通と五条通が交わる角を東に進み、ひと筋目を北に上る。この細い通りの名は不明門通。不明門と書いて、あけず、もしくは、あけずのもん、と読む。

この通りの北の突き当たりにある『平等寺《びょうどうじ》』、通称〈因幡薬師《いなばやくし》〉の門が常に閉ざされていたことから、その名がついた。

その不明門通を上って、ひと筋目、万寿寺通《まんじゅじどおり》を越えてすぐ、右側に白い暖簾が上がり、『板前洋食彌生《いたまえようしょくやよい》』と記されている。

引き戸にも窓にも格子が嵌まり、板前割烹にも似た外観に、些かたじろぐ向きも少なくない。

店に入ると大抵は、その活気に圧倒される。ランチタイムのみの営業ということもあって、絶えず客で溢れていて、オープンキッチンで作られている洋食の匂いが、何とも言えず食欲を搔《か》き立てる。

板前洋食の名に恥じず、磨きこまれた白木のカウンターが美しい。テーブル席はと言えば、背中合わせのシートが並ぶ、昭和のスタイル。この空気だけで、美味は約束されたも同じ。

御献立と書かれたメニューを見て、時が止まったかのような、その値段に誰もが驚く。

チキンライスやヤキメシ、インディアンライス、ハイシライス、海老ライスなど、ご飯モノはどれも六百円台を挟んだ展開。とんかつ弁当や彌生弁当などの、洋食弁当だって六百円台の前半。

食べてみて、その価格をはるかに上回る味に、また驚くことになる。季節モノの牡蠣フライもすこぶる付きの旨さで、夜の営業があれば、どんなに嬉しいだろうかと夢想するものの、白衣をパリッと着こなした板前の奮闘ぶりを見ると、そんな無理は言えない、となる。いつまでも続いて欲しい店である。

京都で質の高いイタリアン、フレンチも

『宮川町さか』――京町家らしい割烹スタイルで、ワインとイタリアン・フレンチ Map C

かつて祇園富永町に『ビストロさか』という店があって、夜が更けるほどに賑わいを見せるという、祇園町でもひときわ人気を集めるビストロだった。深夜というより明け方近くになって、まだパスタに舌鼓を打つ客が居て、ワイン片手にシェフとの歓談はいつ果てるともしれない、そんな雰囲気の店だった。

場所を宮川町に移しても、底抜けに明るいシェフの姿は変わらず、しかし店の佇まいは瀟洒《しょうしゃ》な町家造りとなり、それに伴ってか、料理も洗練度を増した。

宮川町の歌舞練場を少しばかり南へ。車も通れぬ細い路地に暖簾を上げ、芸妓舞妓はもちろん、祇園町からも艶やかな客達がカウンターを挟んで、恰幅のいいシェフと遣り取りする。

典型的な鰻の寝床。間口は狭いが、奥に長くカウンターが伸びる。料理はイタリアン・フレンチだが、皿には和の香りも色濃く映り、いかにも京都の町家らしい割烹スタイル。旬感料理と名付けられている通り、旬の素材を自在にアレンジするのを得意としている。夏の鱧、秋から冬に掛けては河豚《ふぐ》や牡蠣、蟹などがずらりとメニューに並ぶ。シェフにすべてを委《ゆだ》ねる、おまかせコースもよし、豊富なアラカルトから自分でアレンジするのもいい。人数分に取り分けてくれるのもありがたい。

京都らしい割烹で、ワインと一緒に洋風の料理を食べたいとなったら、先ずはこの『宮川町さか』へ。

『リストランテ・オルト』――「菜園」を店名に冠した店で、京鴨のハンバーグ

Map D

丸竹夷二押御池《まるたけえびすにおしおいけ》。姉三六角蛸錦《あねさんろっかくたこにしき》。わらべうたにもなっている、京都の通り名は覚えておくと便利だが、それは東西の通りに限られていて、南北の通りは歌もなく覚え難い。かつ変則な通りも少なくない。先述した了頓図子《りょうとんのずし》もそのひとつ。

衣棚通《ころものたなどおり》三条下る。路地裏という言葉が最もふさわしい、風情ある道筋、了頓図子。ここに一軒のイタリアンがあり、店の名を『リストランテ・オルト』という。かくも目立たない場所に店を構えるとなれば、よほど腕に自信がなければ敵うものではない。そして相応の覚悟も必要だ。

町家を改装した店の中も凜《りん》とした空気が流れ、ランチは二千円から、夜は五千五百円から、というコース料理もリーズナブル。

店の名というのは中々興味深いもので、名付け方でおおよそのことが分かる。たとえば自らの姓名を冠した店だと、相当な自信家なのだろうなと思えるし、その地名を店の名に加えていれば、その地をよほど愛しているのだろうと推察出来る。とは言え、他の土地から移って来て、故郷でも何でもないのに地名を冠する場合は、多くが土地の持つ知名度に頼ろうとすることが少なくない。その典型が〈京〉であることは再三書いている。

そこでこの店。店名のオルトとは菜園を指す言葉。これなどは、まさしく店主の心意気を表していて、なんとも清々しい気持ちになる。

店は菜園。種を撒《ま》き、やがて芽吹き、花を咲かせて、ようやく実る。手塩にかけて店を育てて行こうという気持ちが店の名に表れている。

石の上にも三年。そんな言葉通り、じわじわと人気を集める店となり、今や京都を代表するイタリアンになりつつある。

菜園の名の通り、野菜料理の旨さには定評があるが、僕のこの店でのお奨めは京鴨のハンバーグ。牛肉ではなく鴨を使ってハンバーグに仕立てるという辺りが、如何にも京都らしい。噛みしめると、鴨の持つワイルドな味わいと、ペッパーの風味を生かした繊細な味付けがバランス良く口の中に広がる。

昼も夜も、緩みの無い、洗練された皿が続く。充実した品揃えのワインコレクションと共に、ゆったりと味わうにふさわしいレストラン。洛中のアクセス至便な場所にありながら、細道に面しているという立地が、この店の空気をより一層落ち着きのあるものにしている。隠れ家レストランならではの愉しみ。

『リストランテ・美郷』――〝京町家で本当に美味しいものを食べられる〟稀少な店 Map E

京町家を改装したレストラン。いつの頃からか京都のあちこちで見かけるようになった。ただ古そうな民家を京町家と呼ぶのではない。

京町家とは、〈昭和二十五年以前に伝統的木造軸組構法で建てられた木造家屋〉と、京都市によって、ちゃんと定義されている。築五十年くらいでは京町家とは呼べないのである。だが、それを知らないのだろうが、町家レストランを集めたガイドブックには、とても町家とは言えないような、新しい家をそれらしく改築した店も堂々と掲載されている。言うならば町家偽装だが、本が売れればいいと思っている出版社は、何処吹く風とばかりに、絶賛調の記事を載せている。

定義に基づき、かつ真っ当な改装を施し、正しく町家レストランと呼べる店はさほど多くない。ましてや、そこで美味しい料理を食べられるところとなれば、数えるほどかもしれない。

地下鉄烏丸線。五条駅のほど近く。松原通から堺町通を南に下って、暫く進んだ右手、西側にあるのが『リストランテ・美郷《みさと》』。至極真っ当な京町家レストランである。

外観などは町家そのもの。暖簾が掛かっていなければ、ただの民家だと思って通り過ぎてしまいそう。そのさり気なさが町家の町家たる所以《ゆえん》。目立ってはいけないのだ。ガラガラと引き戸を開け、路地を通って店へと入る。この流れも至極自然。過剰な仕掛けは要らない。庭を通して明るい光が届く板敷の客席には、赤いクロスが印象的なテーブルが並び、軽やかな空気を醸し出している。

昼なら軽いパスタランチ、夜ともなれば、店の名前にもなっている、イタリアの美しい郷土料理をコース仕立てで存分に味わう。或いは顔を突き合わせて、豊富に揃ったアラカルトから選ぶのもいい。時間に、気分に合わせて使い分けられるのが嬉しい。

京町家で食べることを、いっときのブームで終わらせない為にも、こういうまともな店を、もっと増やして欲しいものだ。

地元民に愛される店で、京都通

『大弥食堂』――京都の出汁の旨さを愉しめる「のっぺいうどん」がおすすめ

Map エ

京都駅から徒歩圏内にある路地裏に、美味しい店は意外に多い。駅前の喧騒がウソのように、しんと静まり返った界隈を歩いていると、何処からともなく、いい匂いが漂って来て、ついふらふらと。

東本願寺《ひがしほんがんじ》にほど近い『大弥食堂《だいやしょくどう》』はまさに、そんな店。

オバアちゃん健在なりし頃は、早朝七時には店開きしていたが、旅館業が忙しい当代になってからは概ね、朝九時半頃からの営業。それでも昼まで待ち切れず、空腹を抱えて暖簾を潜る客は引きも切らない。

元は早朝から本願寺へお参りする客が殆どだったというが、今では普段着の京都食を求めての、観光客も少なくない。仏具店や念珠屋が並ぶ一角にある店には時折り僧侶の姿も見受けられる。

そばうどんの麺類全般から丼ものまで、何を食べても安くて美味しい。いくら安いからといって、出汁の取り方を手抜きすれば、あっという間に客が来なくなるのが京都のオキテ。ワンコインで食べられるニシン蕎麦をひと口啜《すす》れば、その深い味わいが胃から胸に届く。

一番のおすすめは、のっぺいうどん。東京風に言うなら、おかめうどんの餡《あん》掛けヴァージョン。かまぼこ、甘辛味の椎茸《しいたけ》などが載り、どろりと濃い出汁《だし》餡がたっぷりと掛かったうどん。おろし生姜のせいもあって、真冬でも食べ終えた頃には、額に汗がにじむほどに、身体が温まる。底冷えする冬場なら迷うことなく、のっぺいうどんを。

遅くとも午後三時には店仕舞いするので、ブランチに訪れるのが一番いい。手頃な値段で、京都の出汁の旨さの片鱗が窺える、貴重な食堂。

『食堂殿田』——オバアちゃんが丁寧に作る、素朴なうどんの味とは

Map エ

京都駅近く、昔ながらの京都らしいうどん屋をもう一軒。

京都駅の南側。新幹線に近い八条口。広い八条通を南に渡り、室町通を下って行くと、やがて東寺通に出る。言わずと知れた東寺へと通じる道。この道を西へ進めば突き当たりが東寺。その角近くに青い暖簾が掛かり、『食堂殿田《とのだ》』と白く染め抜かれている。

京都駅には地下街や食堂街がひしめくように並び、その中にももちろん、うどんやそばを出す麺類の店はたくさんある。だが残念なことに、これらの店の多くは全国に展開するチェーン店だったり、あまり京都とは縁のなさそうな店が多く、ふつうに京都の街中で食べられるような、素朴なうどんを出す店は皆無に近い。そんなときは是非この店を訪ねて欲しい。

けっこう広い店内だが、料理を作るのは大抵オバアちゃんひとりだけ。昼どきの混み合

う時間帯だけ助っ人のオジサンが来るようだ。

うどんも丼も、とにかく安くて美味しい。かまぼこ一枚載っただけのシンプルなうどんがお奨め。ここは九条。九条葱《くじょうねぎ》発祥の地。葱とうどん、出汁が三位一体となって醸し出す味わいは、実にほっこりと心を安らかにしてくれる。

冬場なら餡掛けが一番。前述の『大弥食堂』よりも濃い、どろりとした餡に、くにゃりと柔らかいうどんを絡めて食べると、身体が一気に温まる。昔ながらの素朴な中華そば、鶏の旨みをしっかり吸い込んだ親子丼。オバアちゃんが丁寧に作るひと鉢に、京都人の良心を見る。

『上七軒ふた葉』──最近食べられる店が減りつつある「茶そば」を京都らしく

Map G

食べる為に並ぶ、ということを大の苦手とする僕には、長い行列が出来ているうどん屋を見つけたときに、更にその後ろに並んでまでして食べようとする気持ちがまったく理解出来ない。幾らそのうどんが美味しいとしても、一時間以上もの待ち時間を費やしてまで食べたいとは思わない。

平安神宮の近くにあるうどん屋の行列が、見慣れた光景になったのは、それほど古い話ではない。界隈に飲食店がないわけではない。だが、どうしてもここでなければならないと、決め込んだ人たちの殆どは、地元の人間ではなく観光客だという。

開店間なしにこの店を訪ねて、名物うどんを食べたが、たしかに美味しかった。麺のコシ、出汁の味わい、揚げ立ての天麩羅、申し分のない味わいだったことは間違いない。だが、それでも、もし僕が京都を旅している最中だとすれば、長時間並んでまで、もう一度食べようとは思わない。

食べることだけを目的に京都を訪れているなら、それはやむを得ない。どうぞお好きなだけお並びなさい。だが、もしもそうでないなら、無駄な時間を費やさず、他の店へ行くことをお奨めする。

本書でも先に綴《つづ》って来たように、京都には訪ねるべき場所、知るべきものが山のようにある。小一時間、いや、三十分もあれば、どれほどの見識を得られるか。貴重な京都時間がもったいないではないか。

更に付け加えるなら、件《くだん》の店のうどんが京都ならではか、と言えば決してそうではなく、東京や大阪にあってもおかしくない、〈美味しいうどん〉なのである。

前述した食堂などがその典型なのだが、京都人はうどんにコシを求めない。俗に京の腰抜けうどんと言われるように、くにゃりと柔らかく、歯がなくても歯茎だけでも嚙《か》み切れるような柔らかさが、京都のうどんの最大の特徴である。主役は麺ではなく、むしろ出汁にある。

せっかく京都に来たのなら、京都らしい特徴を持ったうどんを食べて欲しいと思う。それが食文化というものだから。

今では殆《ほとん》ど見かけなくなったが、京都のうどん屋では茶そばを出すところが結構あった。鮮やかな緑と仄《ほの》かな茶の香りが食欲をそそって、僕の好物だったのが、次々と茶そばを出す店が無くなって行った。そんな数少ない茶そばの店が、京都最古の花街、上七軒にあって、店の名を『上七軒ふた葉《ば》』という。

京都らしい麺類を出す店が増えていく中、この店のうどんもそばも、実に真っ当な京都の麺。出汁を味わうための麺だということが、この店で食べるとよく分かる。それでいて安い。

千円を超えるメニュー等はなく、うどんも茶そばも四百三十円からあって、僕の一番のお奨めである、天麩羅うどんでも六百三十円。他の店の半額ほどで美味しく、しかも京都ならではのうどんが食べられるのだから、ありがたい限り。北野天満宮のほど近く、上七軒筋にあって、行列など皆無の店である。

『めん房やまもと』——地元民のオアシスで、手軽な京都の味を

Map E

路地裏の店といって、ここほどふさわしい店は他にない。とは言っても辺鄙《へんぴ》な場所にあるわけではなく、むしろその逆で、地下鉄烏丸線の四条駅から歩いて三分ほどで辿り着ける、至極アクセスのいい場所にある店。

四条烏丸の北西角を西へ歩くと室町通に出る。それを越えてすぐ、ビルとビルの谷間に自動販売機が数台並ぶ細道がある。車一台通るのがやっとという狭い路を北へ。しばらく歩くと、車も通れないほどの路地が左手に見える。これを左へ進むとやがて、左側に見えて来るのが『めん房《ぼう》やまもと』の暖簾。店はここから更に奥へ路地を辿ったところにある。

界隈は京都でも有数のビジネス街とあって、昼どきなどはビジネスマン、ビジネスウーマンで混み合うが、それさえ外せば、行列など皆無。地元民のオアシス。

店名が示す通り、一番のウリはうどんやそばの麺類だが、定食や弁当などもお奨め。とんかつ弁当には蕎麦も付いて来るから、麺類と両方味わいたい向きには格好のメニュー。この店もまた京都らしく、コシの強くないうどんに出汁がしっかりと絡んで、実に美味し

い。唐揚げやとんかつなどの揚げ物もカラッと揚がって、しつこくない。お腹を空かせて路地を歩けば、手軽な京都の美味に辿り着ける。

『おやじ』――〝京都が香ってくるソース焼きそば〟には、ある逸話が

Map C

路地裏細道の店の、もうひとつ大きな特徴は、個性が強いことにある。限られた人の目に触れればそれでいい、と思っているのだから、ただただ千客万来だけを願っているのではない。自分の出す料理を旨いと思ってくれる客だけが足を運んでくれればそれでいい。そう思うからこそ、目立つ表通りではなく、隠れた路地裏に店を構えたのだ。

大和大路通《やまとおおじどおり》と松原通が交わる角を西へ。ひと筋目を南に下ると目指す店が左手に見えて来る。時には数人ほどの列が目に入るかもしれないが、概ね大した待ち時間にはならない。

店の名は『おやじ』。焼きそばの専門店。だが店の中で焼きそばを焼いているのはオバちゃんという不思議な店。

カウンター席だけの店。よく手入れの行き届いた鉄板でオバちゃんが焼きそばを焼いてくれるのだが、初めての客が戸惑うのは注文のシステム。

備え付けのメモ用紙に自分で食べたいものを記入する。量目、トッピング、きっと常連

客が教えてくれるから、それに従えばいい。カレー粉や辛口ソースは自由に掛けて食べる。若い人以外なら麺はひとつで充分。目玉焼きをトッピングすると、味わいがうんと優しくなる。

なんだ、ソース焼きそばなんて、ちっとも京都らしくないじゃないか。そう憤慨するのはまだ早い。なぜ京都でこの店を奨めるかと言えば、ちょっとばかりステキなエピソードがあるから。

わざわざそれを狙って行く客も居ないだろうが、毎月六日にここで焼きそばを食べると玉子が無料でサービスされる。それは先代主人の命日だからという。その先代こそが店名ともなった〈おやじ〉。

こういう逸話が残されていて、それが変わらずつづけられているというところが、何とも京都の店らしいところ。ソース焼きそばなど、どこで食べても同じだと思うものの、やはりこの店のそれはひと味ちがう。どこかしらに、京都が香って来る。きっとエピソードがスパイスとなるからに違いない。

『本家尾張屋』――京都の老舗中の老舗で、そば料理に舌鼓

Map D

京都は老舗だらけだ。あの店この店、おびただしい数の店が自称他称の老舗。

だが老舗は、ただ古くからある店だけを指すのではなく、一応の決まりがあって、それは創業から百年を経て、ようやく老舗として認定される。京都に限らず、これが大方のコンセンサスだと思うのだが、知ってか知らずか、メディアはしばしば誤った情報を流す。

「こちらの京料理店は、戦後間もなく開業されたという老舗のお店です」

とある店を紹介するテレビ番組でのレポーターの言葉。七十年にも満たない店を老舗と言っていいわけはないのだが。

テレビや雑誌が店を紹介する際、多くが店を過剰に賛美する。その結果として表面化したのが、食品偽装、メニューの誤表示問題だった。老舗偽装もいずれ問題視されるのか、それとも不問に付されるのか。

烏丸《からすま》御《お》池《いけ》のほど近く、車屋町通《くるまやちょうどおり》の押小路通を北に上ってすぐ左側に暖簾を上げる『本家《ほんけ》尾張屋《おわりや》』の前に立って、そんなことも考えてみたい。

現存する飲食業の中で、京都一番の老舗は『一文字《いちもんじ》屋《や》和《わ》助《すけ》』。通称『一和《いちわ》』は今宮神社《いまみやじんじゃ》の参道に店を構える、あぶり餅《もち》の店。西暦一〇〇〇年（長保二年）の創業だというから、

創業千年を超える老舗。

その次がこの『本家尾張屋』。寛正六年（一四六五年）の創業。五百年を軽く超えて、正真正銘の老舗。創業当初はそば菓子を商う店だったが、今はそば料理店。名物は宝来《ほうらい》そば。

創業から何度改築や改装を繰り返したのだろう。風格ある設えながら、古さを感じさせない店で食べると悠久の時間を感じさせてくれる。

宝来そばは、五段になった漆器の丸い重箱に、わりごそばが入り、同じ盆に載った丸い竹籠に小海老の天麩羅を筆頭に、きんし玉子や甘煮椎茸などの薬味が添えられ、味を変えて愉しみながら食べる、冷たいそば。

宝来そばもいいが、僕のお奨めは利休そば。利休麩《りきゅうふ》とも大徳寺麩《だいとくじふ》とも呼ばれる、揚げ麩の載ったそば。甘さを控えた、この店ならではのしっかり味の出汁が染み込んだ利休麩が独特の味わい。他の京都の店同様、そばが主張し過ぎないのがいい。

老舗ながら重苦しさはなく、丼ものも品書きにあり、気楽に味わえる。観光シーズンの時分どきは混み合うが、それでも長い行列などは出来ない。京都で麺を食べたくなったら、先ずはこの老舗の暖簾を潜りたい。

『六波羅飯店』――京都人の好きなカレーラーメン

Map C

祇園町の南側。八坂通から松原通界隈には、建仁寺《けんにんじ》、六道珍皇寺《ろくどうちんのうじ》、六波羅蜜寺《ろくはらみつじ》など、古刹《こさつ》が並ぶのだが、軽くお腹を満たす店となると、存外少ない。名の知れた京料理店は点在するものの、予約も無しに飛び込むわけにはいかず、気楽に食べられるものではない。

松原通を大和大路通から東へ歩く。あの世とこの世の境目だという〈六道之辻《つじ》〉と刻まれた石碑が立つ角には西福寺《さいふくじ》があり、ここを南に下ると六波羅蜜寺は目の前。北側にあるのが怪奇伝説で有名な幽霊飴《あめ》の店。その東南角にあるのが『六波羅飯店《はんてん》』。界隈の空気とは違って、いたって気軽な街場の中華屋。

今ドキの気取ったチャイニーズとは違って、店の中は素朴な赤が目立つ。昔懐かしデコラテーブルも、カウンターの上下も、ビニール椅子のカバーも全部赤。

赤は食欲をそそる色。メニューを見ながら、あれも食べたい、これも食べたい、と誰もがショージ君状態になる。

一番のお奨めはカレーラーメン。京都にはこのカレーラーメンをメニューに載せる店が少なくない。京都人はカレー好きなのだ。白ご飯とセットにしても八百円ほど。麺を食べ終えたカレースープにご飯を入れると、大満足大満腹。

優しい味を望むなら、かしわ野菜炒めがいい。鶏肉と野菜がたっぷり入って、その香ばしさにご飯がすすむ。京都人でも殆どその存在を知らない店。冥界《めいかい》巡りで歩き疲れたら是非。

『満寿形屋』――普段使いの商店街のうどん屋。名物は、なぜか鯖寿司

Map F

商店街というのも路地の一種である。というより、寧ろ路地の宝庫と言ってもいい。といっても錦市場のように、観光客に占領されてしまっているところは、ある種の表通りになってしまっていて、おもしろみは少ない。

京都の市井の人々が普段使いするような商店街には、路地と同じような空気が漂っている。

河原町今出川を北に上り、西側の舗道をしばらく歩くと、商店が建ち並び、多くの人が行き交う界隈に行き着く。中でひときわ賑わっているのが『出町《でまち》ふたば』。名物の豆餅を買い求める客で行列が絶えることがない。詳しくご紹介したいところだが、路地裏でも細道でもないので、ここは省略。

アーケードが続く商店街へと入り込む。出町桝形《でまちますがた》商店街。八百屋、魚屋、肉屋などが点

在する、正しい商店街である。それほど長い道ではないが、ひと通りのモノは何でも揃い、それもかなり上質なものが並ぶ商店街なので、ここで土産を物色するのも悪くない。

たとえばこの商店街の中ほど、南側にある乾物商というか、いろんな食品を商っている『マツヤ食料品店』という店があり、ここの一角では、かの『阿闍梨餅《あじゃりもち》』を売っている。『京菓子司満月《まんげつ》』の銘菓『阿闍梨餅』は誰もが知る京名物で、店によっては行列が出来ていたりするが、ここではそんな心配もなく直ぐに買える。

余談はさておき『満寿形屋《ますがたや》』。商店街の東の入口から入ってすぐの左側。一見すると何でもない食堂だが、ここの鯖寿司《さばずし》は実に旨い。旨い上に値頃で、気楽に食べられるのが嬉しい。

とは言ってもこの店は、寿司屋ではない。京都流に言い表すならうどん屋さん。蕎麦も丼も、ラーメンだってあるけど、うどん屋さん、と呼ぶのが、京都人の習わし。店の外にまで芳《かぐわ》しいうどん出汁の匂いが漂って来るからである。

うどん屋なのに何故鯖寿司かと言えば、ここが鯖街道《さばかいどう》の終点にあたるからだ。

今や京都名物と言ってもいいほどに、その名が知られるようになった鯖寿司。海から遠い京の街。その鯖はどこから来たのかと言えば、若狭小浜の港。

日本海から京都まで。琵琶湖《びわこ》の西側に沿って南下する、およそ七十二キロの道のりは、殆どが山の中。幾つもの峠を越える山道を、人は鯖街道と呼んだ。その鯖街道が、この出町近辺を終点としたのは、おそらくここから直ぐ南、御所近辺に住む、やんごとなき貴族たちへ届けることが、最終目的だったからだと思われる。

若狭でひと汐《しお》した鯖といえども、冷蔵設備もない時代、夏などはきっとひと苦労だったに違いない。

そんなわけもあって、うどん屋なのに、この店の一番人気は鯖寿司。うどんとセットで食べるのがこの店流。京都の店らしい、出汁の効いたうどんと二切れの鯖寿司。わざわざ来て食べる価値がある。ひと口では頬張りきれないほどに大きな寿司。割烹の椀物に勝るとも劣らない、出汁の効いたうどん。本当の京都の味とは、こういうものを言う。行列必至のうどん屋や、ひと切れ辺り幾らになるのかと、目を剝《む》かねばならない鯖寿司屋ではなく、至極当たり前のようにして、気軽に食べられる店に本物が潜んでいる。

『とんかつ一番』――これほど京都らしい店はない！ 路地裏細道の意外な模範店 Map エ

これほど分かりやすい店名も他には無いだろう。どんなものが美味しい店なのか、一目瞭然。

店名は分かりやすいが、店の在り処は分かりにくい。

京都駅から歩いて辿り着くことも、さほど難しくはない距離。京都駅烏丸口。京都タワーとの間、東西に伸びる道が塩小路通。これをひたすら西へ。堀川通を越えて、四筋目の黒門通《くろもんどおり》を北へ上る。木津屋橋通《きづやばしどおり》辺りまで来ると、左側に赤い提灯が見えて来る。ここが『とんかつ一番《いちばん》』。

地元京都人でも知る人は少ないが、昔ながらの佇まいといい、値頃な価格といい、古き良き京都を代表する、洋食の銘店である。

正真正銘の路地裏店。しもた屋風（ふつうの家風ということ）の構えが何とも好ましい。暖簾を潜って店に入ると、厨房が目に飛び込んで来る。これはきっと、京町家独特の〝通り庭〟の名残りだろう。昔の家がどこもそうだったように、敷地の一方の壁側が土間になっていて、そのまま奥の庭に通じていた。大抵の家ではここを台所として、井戸があり、竈《かまど》があった。

右手のガラス扉を開けると、そこが客席になっていて、厨房に接する側がカウンター席、反対側がテーブル席になっている。

昔の列車のような背中合わせのソファ席に腰掛けると、どことなく歪《ゆが》んでいるような気がする。カウンター席と厨房の間には模様の入ったガラス板が嵌《は》めこまれ、店の中は昭和レトロそのもの。こんな店は路地裏でしか生き残れない。貴重な店だ。

店名に従ってとんかつを注文するのもいいが、あれこれと洋食が詰まった、とんかつ弁当がお奨め。分厚いメニューブックには、松竹梅の三種類。こういうときは中ほどを頼むのが無難。

ホール係はオバアちゃん。厨房の中で料理を作っているのは息子夫婦か。ひっきりなしに掛かってくる電話を受けて、出前を届けるのは孫娘か。勝手な想像でしかないのだが。

出前の大半は弁当。これを岡《おか》持《も》ちではなく、大きな白い布で包んで運んで行く姿が実に清々しい。

店の様子を眺めながら待つこと十五分ばかり。運ばれて来た洋食弁当は、まさに大人のお子様ランチ。とんかつ、ハンバーグ、スパゲティ、サラダ、ご飯が少しずつ詰め合わされている。添えられた味噌汁も熱々で美味しい。豚肉の細切れと大根がたっぷり入って、さながら豚汁。

何から箸を付けようかと迷うのが、洋食弁当の醍醐味。やはり最初はとんかつか。厚くなく薄くなく、ほどよい厚みのとんかつに幾らか甘めのドミグラスソースを絡めて、ご飯に載せて食べる。しみじみと美味しい。

何ひとつ京都らしい演出もなく、メニューのどこにも〈京〉の文字など見当たらない。だが、これほど京都らしい店もそうそうあるものではない。路地裏細道の模範となる店に是非、足を運んで頂きたい。

京都の鰻も見逃せない

『西陣梅乃井』——西陣で食べる、ふんわり焼きあがった鰻

Map G

京都人の好物のひとつに鰻がある。とりわけお年寄りの鰻信仰は他都市よりも、うんと篤いような気がする。土用《どよう》の丑《うし》は言うに及ばず、何かといえば鰻。ご馳走《ちそう》と言って、京都の老人は鮨より鰻を選ぶようだ。

そこにはやはり川魚に慣れ親しんできたという、京都という地の特性も絡んでいるのかもしれない。錦市場を始めとして、京都では川魚店が鰻を扱い、鰻だけを売る店というのは意外に少ない。

店によっては、店先で串刺しの鰻を焼いて見せるところもあって、その様子を見ると明らかに関西風の地焼き。腹から開いて蒸さずに焼く。

皮目がパリッとして、中の身をふっくらさせるのが、焼き方の腕の見せどころ。下手な焼き方をされると、皮がゴムのようになって、中の身はパサパサになってしまう。

と、川魚店で売る鰻は圧倒的に関西風の地焼きだが、鰻料理店ではなぜか、関東風の鰻を出すところが殆どという、不思議な逆転現象が起こる。

場所は西陣。大宮通寺之内《てらのうち》を北へ上ってしばらく歩いた西側にある『梅乃井《うめのい》』は関東風のふんわり鰻で人気を集めている。

鰻屋は匂いで食わせる。その言葉通り、十間ほど手前から既に鰻を焼く匂いが漂い始め、それに吸い寄せられるようにして、暖簾を潜る。

量目によって三段階に分かれる鰻重。西陣という場所柄、せっかちな旦那衆の要望に応えて、予め下拵《したごしら》えをしてあるから、さほどの時間を要しない。十五分ほども待てば、香り高い鰻重が肝吸いを従えて登場する。

鰻の質もだが、ご飯がとても美味しい。しかも熱々。しっかりタレの染みたご飯と、ふんわり焼きあがった鰻を一緒に口に運ぶと、誰もが幸せになれる。加えてこの店の肝吸いは臭みもなく、上品な味わいで、鰻の箸休めには最適の椀。付近には隠れ寺も少なくない。西陣の寺巡りの際には是非、京都ならではの鰻を。

『西陣江戸川』――大正時代に建てられた町家で食べる鰻

Map G

先の『梅乃井』から、さほど離れてはいない。千本通今出川を南に下って二筋目。笹屋《ささや》町通《まちどおり》を西に入ってすぐの南側。『江戸川《えどがわ》』は大正期創業の、ほぼ老舗鰻料理店。

もちろん料理もだが、この店で味わうべきは、まずは店の佇まい。

大正時代に建てられた町家が、ほぼそのままに残されていて、店の中のそこかしこに、往時の面影が見てとれる。

丸いちゃぶ台が置かれた小上がり、欄間《らんま》の細工、そして古い品書き。〈口演《こうえん》〉と書かれているのが、当時の言葉で言う、品書きなのだろう。茶碗蒸し、鯉《こい》の洗い、どじょうの蒲焼きなどが並び、価格の単位が「銭」となっているところに、古い歴史を感じる。

さて、ここも西陣。やはり下拵えが済ませてあるので、注文してから十分もすれば熱々の鰻重が出て来る。当然ながらこの店も関東風。ふわりと柔らかい鰻に、いくらか濃い目のタレがしっかりと染み込んで、鰻を食べる、という実感を、しっかりと味わわせてくれる。

もっとも京都らしい雰囲気が残る西陣で、どこかしら江戸の風情をも漂わせる店で鰻を食べる。これも又、京都路地裏ならではのこと。

『かね正』――きんし玉子がたっぷり載った関西風地焼き鰻の人気店　Map B,C

以前は知る人ぞ知る店だったのが、手頃な価格もあって、今や行列の出来る店と化してしまったが、店の有り様は昔とちっとも変わらないので、安心してお奨め出来る。この辺りが表通りの店にはないメリット。

場所は祇園。縄手通《なわてどおり》の四条を上って、郵便局の裏手にある路地を入ったところにある『かね正《しょう》』は、関西風の地焼き鰻が、手頃な値段で味わえる良店。

四人掛けのテーブルが二卓とカウンターが六席と小さな店なので、時分どきは中々店に入れない。狙い目は開店前。昼は十一時半前に既に行列が出来ているが、夕方の五時半前はさほどでもない。五時過ぎに行って様子を窺うのがベスト。

鰻丼でもいいが、この店での一番のお奨めは、きんし丼。鰻と相性のいい玉子をたっぷり載せて味わう丼。

注文が通ってから鰻をさばき、焼き始めるのだが、カウンターに座ると、その工程をつぶさに出来るので、待ち時間も一向に苦にならない。蒸しを入れない関西風ながら、背開きにするのがこの店のオリジナル。

主人が鰻を焼く横で、若い衆が玉子を焼く。無言の連携プレーながら、この息がピッタリ合っていて、見ていて気持ちがいい。どうやらふたりは親子のようだ。

タレとゴマをまぜ合わせたご飯に、細切りにした鰻と、きんし玉子をたっぷりと載せたら出来上がり。見た目も美しく、もちろん食べて美味しい。それでいて千五百円（消費税アップの前）だから、行列が出来るのも当然のこと。

『う桶や「う」』――桶に入って出て来る、名物《う桶》で心ゆくまで鰻を　Map C

鰻というものの生態が、どうもまだきちんと解明されていないようで、漁獲高の変動が激しく、それに伴って、鰻屋の値段も変動する。

たくさん獲れたからといって、うんと価格が下ることは無いが、減少すると間を置かず高騰するのが常。近年の鰻は高級品となってしまった。

鰻重の値段というのは、概ね、鰻の量によって決まる。最も安いものだと半匹、真ん中が一匹、上が一匹半、特上が二匹といったところだろうか。

懐具合と相談しながら、しかし物足りなさを感じながら食べるのも悔しい。さんざん迷った挙句、結局は真ん中に落ち着く。大抵の客はそんな風だ。

値段など気にせず、たっぷり鰻の載った鰻重を一度くらいは食べてみたい。そんな願いを叶えてくれる店が祇園にある。

花見小路通を四条から下っていって、左手に歌舞練場を見ながら、細道を西に入る。次の四つ辻を南に下ると左手、東側から鰻を焼く匂いが漂って来るはず。それを目指すと、木製の看板に書かれた白い「う」の一字が目に入る。ここが名物〈う桶《おけ》〉で知られる『祇をん　う桶や「う」』。

店を開くにあたって、まずは井戸を掘ることから始めたというから、その本気度が分かろうというもの。背開きして白焼きにし、蒸しを入れる。関東風の鰻は普通の鰻重でもいいが、せっかくだから、名物の〈う桶〉を頼みたいところ。

大と小があって、どちらも木桶に入って出て来る。小がおよそ三匹入って、三人前が目安。これで一万円。さすがにひとりでは食べ切れないかもしれないが、ふたりならちょうどいい。心置きなく鰻を堪能出来る。

京都で呑む

『釜めし月村』――「居酒屋以上、割烹未満」の酒飲みの楽園

Map C

俗に、居酒屋以上、割烹未満という言葉がある。居酒屋と言うには憚《はばか》られるが、かと言って、割烹ほどの堅苦しさはなく、酒飲みにとっては、一番按配のいい店ということになる。旨い酒が飲めて、美味しい酒のアテが豊富にあり、そこで〆も出て来れば他に何を望むか。

出来ればそこに京都らしさを加えたいのが、旅人の心理だろう。場所も京都らしければ、店の雰囲気、味わいも京都そのもの。そんな店が四条河原町近くにある。

四条通に架かる四条小橋。この橋の畔を南に下る。突き当たりを東に、そのまま狭い路地を下る。路地の中ほど右側にあるのが『釜《かま》めし月村《つきむら》』。

店名が示すように、この店の名物は釜めしだが、それは〆にするとして、まずは酒を頼んで、日替わりの品書きを眺める。

壁に掛かった黒札に書かれている料理は、無論のこと季節によって、その日の仕入れによって変わるが、煮物、天麩羅、焼物など、ひと通りの料理は並ぶ。鴨ロース、貝を使ったぬた、大根の煮物、しゅうまいなどが定番人気メニュー。

あれこれ摘んで、酒を二、三合飲んだら、待ちかねた釜めし。小さな陶製の鍋で一から炊き上げるので、その時間を見越して頼んでおくのが、この店の通の遣り方。

とりわけ冬の牡蠣《かき》釜めしなどは、熱々ほくほくで、牡蠣の香りが口いっぱいに広がり、幸せ感に包まれる。身も心も温めてくれる店。

『まんざら亭烏丸佛光寺店』――京都人が日頃から愛する居酒屋的料理店　Map E

京都に来たら、やっぱり和食を食べたい。それが大方の旅人の偽らざる心情だろうと思う。とは言え、さて、どこに行けばいいのか。人気割烹は予約が取れず、かといって料亭に行くのも些か重たい。ならば居酒屋か、と思いつつも、わざわざ京都に来てまでありきたりの居酒屋で済ますのももったいない。そう思い直して、また悩みを深くする。そんな方にお奨めしたいのが、京都に根付いた居酒屋的な料理店。

京都に住んでいて、割烹に行く機会など、ふつうにはそうそうあるものではない。ましてや料亭など、何かの行事でもなければ足を踏み入れることもない。大方の京都人はそんな感じで過ごしている。

友遠方より来りて、京都らしい店で酒食を共にしたい。そんなリクエストに応えんとして、はたと迷ってしまう。

肩肘張るのも辛いが、かと言って、あまりにざっくばらんな店も如何《いかが》なものか。

そんなときに重宝するのが、地元発の、居酒屋以上、割烹未満の店。その代表とも言えるのが『まんざら亭《てい》』。

団塊世代が華やかなりし頃、洛北西賀茂《らくほくにしがも》に誕生した『まんざら亭』は一世を風靡《ふうび》した。祇園や木屋町ではなく、北の外れとも言える西賀茂という地も新鮮な印象を与えたのだろう。オヤジでもなくガキでもない、という若い世代の社交場でもあった。

その『まんざら亭』は長い時を経て、地元京都人はもちろん、旅人にも支持される店として、市内に幾つもの店を構えるに至った。河原町丸太町を下ったところにある本店を始め、木屋町筋《きやまちすじ》や四条界隈に〈まんざら〉の名を冠した店があり、どの店もいつ行っても賑わいを見せている。

中で、路地裏感が強いのは佛光寺《ぶっこうじ》店《てん》。

烏丸通から仏光寺通を東へ。ひと筋目の手前、右側にあるのが『まんざら亭仏光寺店』。古い町家をリニューアルしたのか、典型的な鰻の寝床。少しばかり奥まったところに入口があり、店に入ると奥に細長く伸びる客席が目に入ってくる。

左側にはテーブル席が並び、右手がカウンター席。人数によって使い分けが出来る。店の中に流れる空気は重すぎず、軽すぎず。肩肘張らずに美味しい料理が食べられそうな雰囲気だ。

創作料理というほどには崩さず、しかしひと工夫した料理がメニューに並ぶ。ワインにも日本酒にも合う料理がたくさんあるので、酒徒には嬉しい限り。生麩や京豆腐を使った京都らしい料理もあり、観光客にも充分対応できる。場所も含めて、極めて使い勝手のいい店である。

京都はラーメンも有名

『新福菜館三条店』――黒いスープのラーメンが後を引く　Map D

イメージと現実の違い。京都の食で、その振れ幅が一番大きいのはラーメンだろうと思う。

地方の駅ビルにある食堂街なんかで、時たま見かける〈京風ラーメン〉は、素麺《そうめん》と見紛《みまが》うような極細麺に、透明に近い薄い色のスープ。上品と言えば聞こえはいいが、味付けを忘れたんじゃないかと思うほどの薄味。雅な京都のイメージだけで作れば、きっとこんなラーメンになるのだろう。だが今では知らない人も居ないほどに、京都のこってりラーメンは広く知られるようになった。

全国展開しているラーメンチェーンは、こってり味を売り物にしているし、京都駅近くに二軒居並ぶラーメン屋も、今やその知名度は全国区になった。どちらも決して薄味などではなく、はっきりと濃い味付けで人気を呼んでいる。後者の二軒は、それぞれにファンが付いていて、いつも行列が出来ているが、おもしろいのは、決して浮気をしないこと。片方の列が短くなっても移動する客はひとりとして居ない。一度決めたら梃子《てこ》でも動かないといった勢い。

両店とも美味しいのだが、どちらかと言えば僕は、北側の赤いテント派。ここを本店として、市内各所に支店があり、それぞれ微妙に味が違うとラーメン通が言うのだからおもしろい。

僕のお奨めは堀川通の三条を東に入ったところにある『新福菜館三条店《しんぷくさいかんさんじょうてん》』。京都駅近くの本店を筆頭に、この店の特徴は何といっても黒。ラーメンのスープも焼飯も、驚くほど黒い。初めて見た客は大抵がたじろぐ。だが、ひと口食べてみると、見た目とは違って、それほどの濃さを感じない。旨みが先に立つので、食べ飽きることなく、あっという間に食べ終えることとなる。そして暫く経つと、また食べたくなる。いわゆる後を引く味。京都でラーメンとなれば、真っ先にお奨めしたい店。

『京都北山元町らーめん』——幻のラーメンが復活！　昔ながらの味を

Map E

もう一軒、お奨めのラーメンも又、同じく色の濃い醤油味のラーメン。

今は滅多に見かけることはないが、かつて京都の街中には屋台のラーメン屋がそこかしこにあった。最もよく知られていたのは、河原町今出川を北に上って、出町柳へ向かう道の広場に、数軒もの屋台が夜な夜な姿を現し、その味を競っていた。

京都に限ったことではないが、時代の変化に伴って、規制が厳しくなったのか、いつの間にか自然消滅してしまった。

僕が中学生の頃だから、昭和四〇年（一九六五年）過ぎの話。家から歩いて行けるところに空きガレージを利用した屋台のラーメン屋があって、その場所から〈元町《もとまち》ラーメン〉と呼ばれ、多くのファンが付いていた。今のようなラーメンマニアではなく、ただのラーメン好きが深夜遅くまで、ラーメンに舌鼓を打っていた。

この今はなき〈元町ラーメン〉こそが、先の『新福菜館』と並んで、京都を代表する、色も味も濃い醤油ラーメンの元祖だった。『新福菜館』は年を追うごとに人気を高め、今や京都を代表するラーメンとなったが、もう一方の雄、〈元町ラーメン〉は二十年も前に店じまいをし、その後、別の場所で復活したやに聞いてはいたが、そこも又閉めてしまったようだった。

もう食べられないとなると、無性に食べたくなるのが、人間の性《さが》というもので、夢にまで出て来た、というのは些か大袈裟《おおげさ》だが。

その幻のラーメンが路地奥に店を出したのが平成二四年（二〇一二年）のこと。場所は大丸デパートのすぐ傍という、京都一の繁華街。

四条通から東洞院通を北に上って左側。コンビニの横に細い路地があり、その一番奥に〈ラーメン〉の赤い看板が見える。

京都らしい鰻の寝床。奥に長く伸びるカウンター席とオープンキッチン。店の造りは今風に洒落《しゃれ》てはいるが、出て来るラーメンは昔の味そのまま。

汁受け用にプラスティックの皿を敷いてあるのも、屋台時代の名残り。

京都の銘店『澤井《さわい》醬油《しょうゆ》』のたまり醬油を使ったスープは濃厚な中に、さわやかな旨みがしっかりと乗っていて、固めの麺によく合う。薄切りと、細切れの両方を使ったチャーシューの味も昔そのままで、なんとも懐かしい。

久し振りに食べてみて感じたのは、本当に味が濃いこと。京の薄味なんて言葉が吹き飛んでしまうほど。『新福菜館』の澄んだ醬油色と違って、この店のスープは濁った醬油色。もろみが効いているせいか、どことなし赤味噌っぽい味もする。そうそう、こんな味だった、と、僕らは懐かしむが、初めて食べる客には新鮮な驚きがあることだろう。

これが京都のラーメン。自信を持って、そう奨められる店である。

京都で喫茶はひと味違う

『フランソア喫茶室』――イタリアンバロックの、〝喫茶店〟でなく〝喫茶室〟 Map C

四条河原町。東京でいうなら銀座四丁目。京都の賑わいの中心地である。南西角には髙島屋があり、かつて南東角には阪急デパートがあった。そのどちらかで待ち合わせてデートに向かうというのが、京都のカップルのスタンダードだった。

今は少しく様変わりしたが、それでも京都で最もカップルの姿が目立つのは四条河原町界隈。

かつての阪急デパート、今のマルイを東へと進み、ひと筋目の角を南に下る。十軒と数えずに見えて来るのが『フランソア喫茶室』。喫茶店ではなく、喫茶室という辺りに歴史を感じる。

開業は昭和九年（一九三四年）。画家の名前を取って店の名にし、豪華客船をイメージした内装はイタリアンバロック。そう聞けば優雅なイメージが先行するだろうが、日本が戦争に向けての構えを強くすることに抗し、自由に談論風発出来る空間を作ろうとして、この店を開いたという。それ故、喫茶店ではなく喫茶室。

桑原武夫《くわばらたけお》、宇野重吉《うのじゅうきち》、藤田嗣治《ふじたつぐはる》。アカデミックな思想の持ち主がここに集まり、熱く語り合っていたに違いない。

そんな歴史を感じながら飲む一杯のコーヒーは、ほろ苦くも味わい深い。大通りに面していなかったからこそ残された、貴重な空間。寺社だけが京都の文化遺産ではないのである。

『アッサム』――哲学の道の近くで、鉄瓶で丁寧に淹れた紅茶を

Map A

正直に白状すると、僕は殆ど、お茶を飲むために店に入らない。無論、コーヒー、紅茶も同じ。なんとなく、その時間が無駄のように思えてしまう、せっかちな貧乏性なのである。

お茶を飲んで、ぼーっとしている時間があれば、ひとつでも多くの、移り変わる景色を目に焼き付けておきたい。一箇所でも知らない寺をつぶさに見ておきたい。そう思ってしまう。

そんな僕でさえも、この店にはしばしば足を運ぶのだから、よほどの魅力があるのだ。そう思っていただけるとありがたい。

有《あ》り体《てい》に言えば、哲学の道の近く。くろ谷《だに》さん、『金戒光明寺《こんかいこうみょうじ》』の東側にある。店の名は『アッサム』。当然ながら紅茶が美味しい店である。

場所の説明が難しいのは通り名の無い道が、この辺りには多いからで、哲学の道を歩き、『大豊神社《おおとよじんじゃ》』の御旅所を目印にして、少しばかり西に歩いたところにある。

以前は鹿ヶ谷通《ししがたにどおり》に面していて、銀閣寺のすぐ傍にあった。とある料理店の取材で界隈を訪れる度に足を運んだ店。店の内外ともに、繊細な緑で溢れていて、細やかな気遣いをそこかしこに見られる店を見て、いっぺんに気に入ってしまった。何より壁に掛けられた額に、プルーストの小説〈失われた時を求めて〉の一節、例のマドレーヌのくだりが書かれていたことで、そのセンスにいたく感心したのだった。

鉄瓶《てつびん》で丁寧に淹《い》れる紅茶。手作りのスコーン。どちらも香り高く美味しい。何より、ゆったりと流れる時間が嬉しい。僕が時間を忘れてお茶を愉しめるのは、この店くらいしか思い浮かばない。

おわりに

ブームでない、真の京都の姿を追う

京町家の轍《てつ》を踏んではならない。それが本書を著そうと思った端緒である。

今や京都観光のキーワードともなっている京町家が、多くの注目を集めるようになったのは、そう古いことではない。今になって急に現れたものではなく、はるか昔から存在していたのを、近年になって京都らしさを売るための舞台装置として、人気を呼び始めることになる。

京町家というものは、長い歴史の中で、都人が工夫を凝らし、京都で暮らすための知恵を結集して作り上げて来たものである。虫籠《むしこ》窓《まど》を持ち、その下の子屋根に鍾馗《しょうき》さまを飾り、玄関の横には犬矢来《いぬやらい》を設ける。

鰻の寝床と呼ばれる、奥に長く伸びる家も多く、玄関を潜ってすぐの三和土《たたき》から通り庭を経て、坪庭に通じる土間には竈《かまど》が設えられ、台所としての機能を果たした。

それ故、外観も内観も用の美を湛《たた》え、京都ならではの建築として世界に誇るべきものだった。

人が住まう為に建てた家だが、時代の流れに合わなくなったと感じた住人が、住むことを諦め、貸家としたことから始まった京町家ブーム。レストラン、ブティック、カフェ、バー、居酒屋。ありとあらゆる業種が食指を伸ばし、売らんがための集客装置として京町家を利用することとなる。

無論、真っ当な店もあるが、多くは町家の成り立ちなど知ろうともせず、ただただ、それらしく見せることだけに終始し、京町家本来の姿をぶち壊してしまったところも決して少なくない。

店側だけではない。京都を訪れる観光客もメディアも、京町家という装置の空気だけを求め、ブームに仕立ててあげてしまった。町家は町家として正しく保存されなければならないのに、俄《にわか》な町家ブームがその逆の結果を生んでしまったのは、なんとも皮肉な話である。

同じような流れを、路地にも感じている。空き家となった路地奥の民家を店として活用する。それはそれで悪いことではないのだが、行き過ぎたブームになると、本来の姿を失い、ただの飾り物、物珍しさだけで注目される仕儀となる。

多くの路地や図子は未だ、住民の生活空間である。そこにずかずかと入り込んで来て、勝手にバシャバシャ写真を撮る狼藉者《ろうぜきもの》が既に現れている。

京都の路地裏や細道を正しく理解し、礼と節度を持って、そこを覗《のぞ》き見して欲しい。

条坊制で整理された大路小路ではない、路地や図子には、様々な歴史や時代背景が潜んでいる。少し大仰に言えば、時代の一瞬を切り取った姿が垣間見えるのが路地裏の愉しみなのである。

今のブームになってから出来た店より、ずっと昔から路地で商いを続けて来た店の方が圧倒的に多い。そこが京町家ブームとの違い。

路地とは。正確な定義はあって無きがごとし。家と家の間に存する狭い道、くらいしか表現のしようがない。ましてや路地裏ともなれば、何を以てして路地裏と言うか、など誰にも断じることなど出来はしない。

概ね、車が双方向に行き来出来る道は除いた。車両が通行出来る道なら一方通行までの広さなら、路地の空気感はある。車どころか、自転車が走り抜けることもままならないような路地が主ではあるが、袋小路になっていて、よそ者が入り込むと迷惑をかけるような図子は紹介せずにおいた。

果たして今の京都市内に、どれほどの路地や図子があるのか、見当もつかないが、おそらく万の単位を超える細道があるだろうと思う。そしてそれらの道の殆《ほとん》どは、ふつうに京都を旅していて、出会うものではない。本書や類書をひもとき、探し歩いてこそ見つかるもの。更にそこには、お目当てのもの以外に新たな発見があるかもしれない。路地裏細道を歩く愉しみ。是非とも味わって欲しい。

MAP A 京都市内広域図

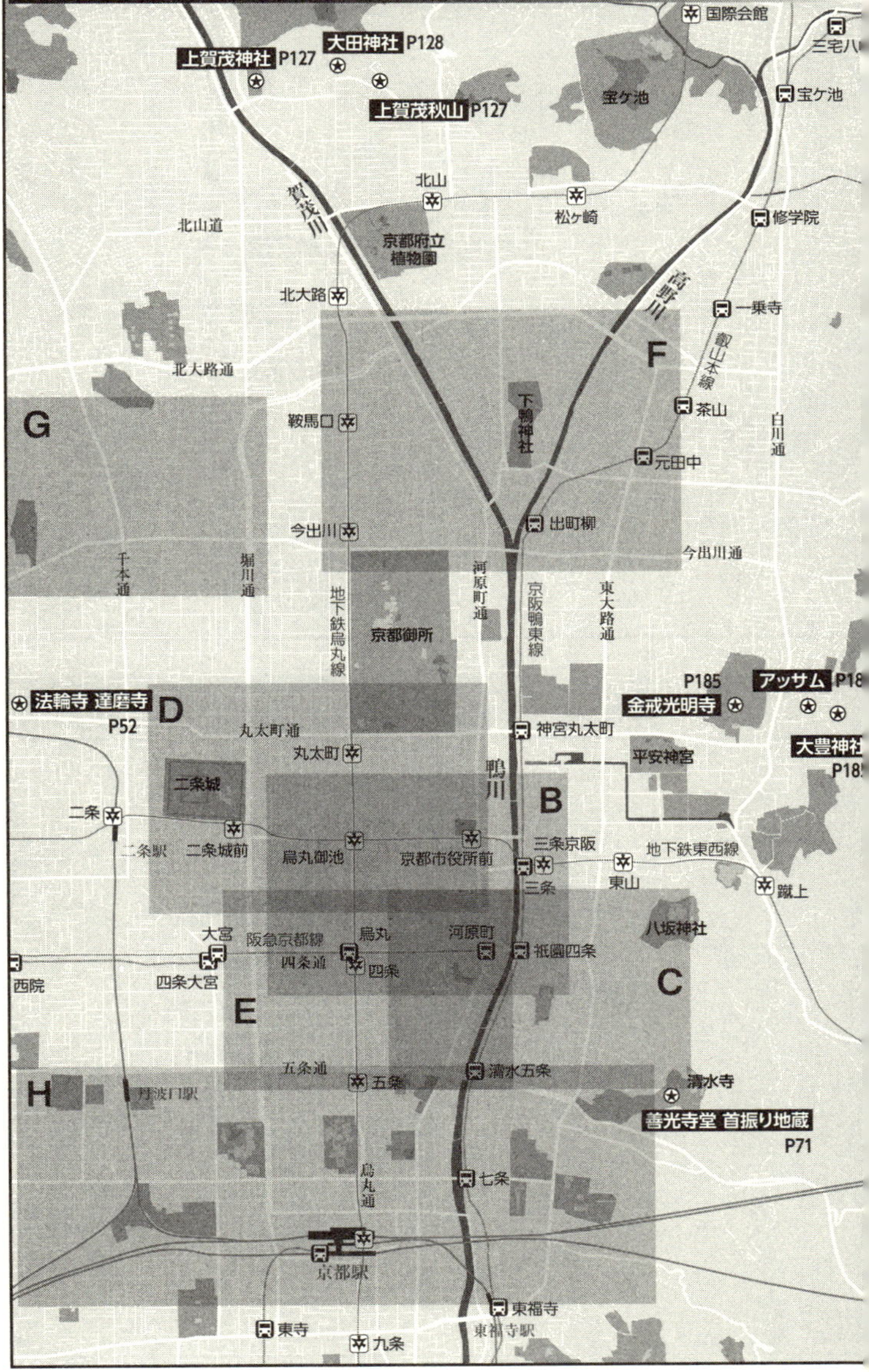

MAP B 河原町四条〜河原町御池周辺

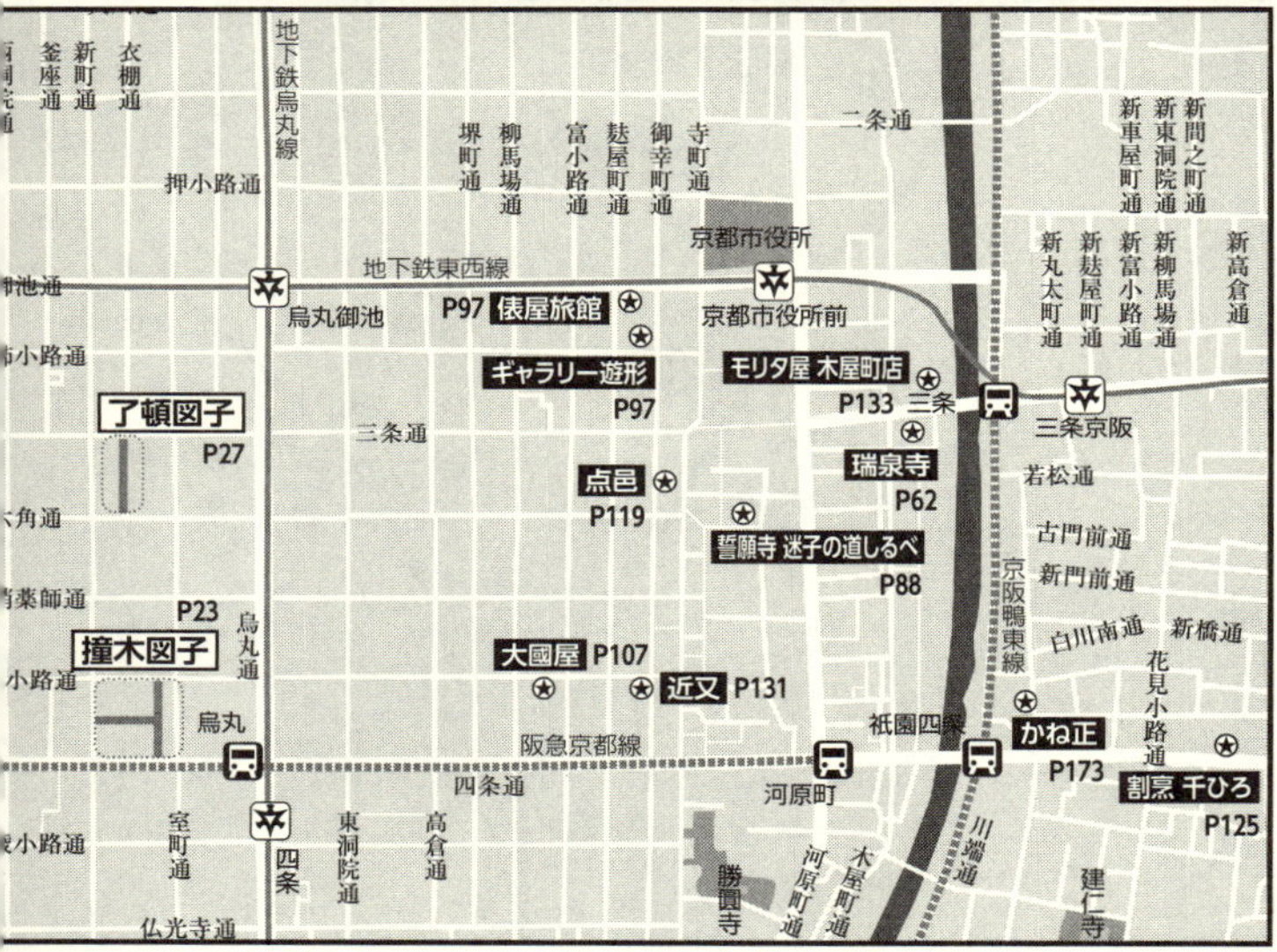

MAP C 四条河原町、祇園、宮川町周辺

MAP D 烏丸三条～烏丸丸太町周辺

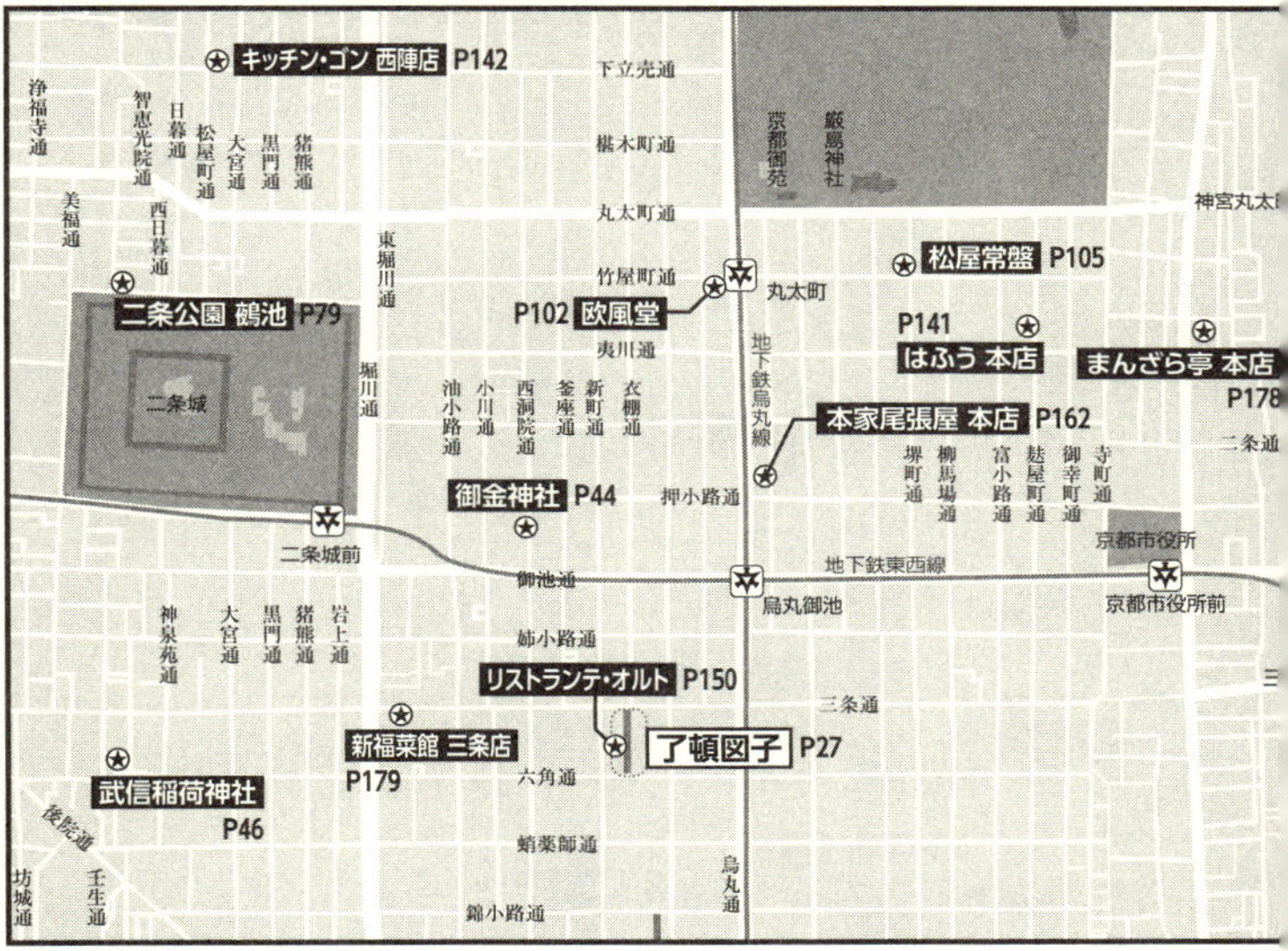

MAP E 四条～五条間、堀川通～寺町通間

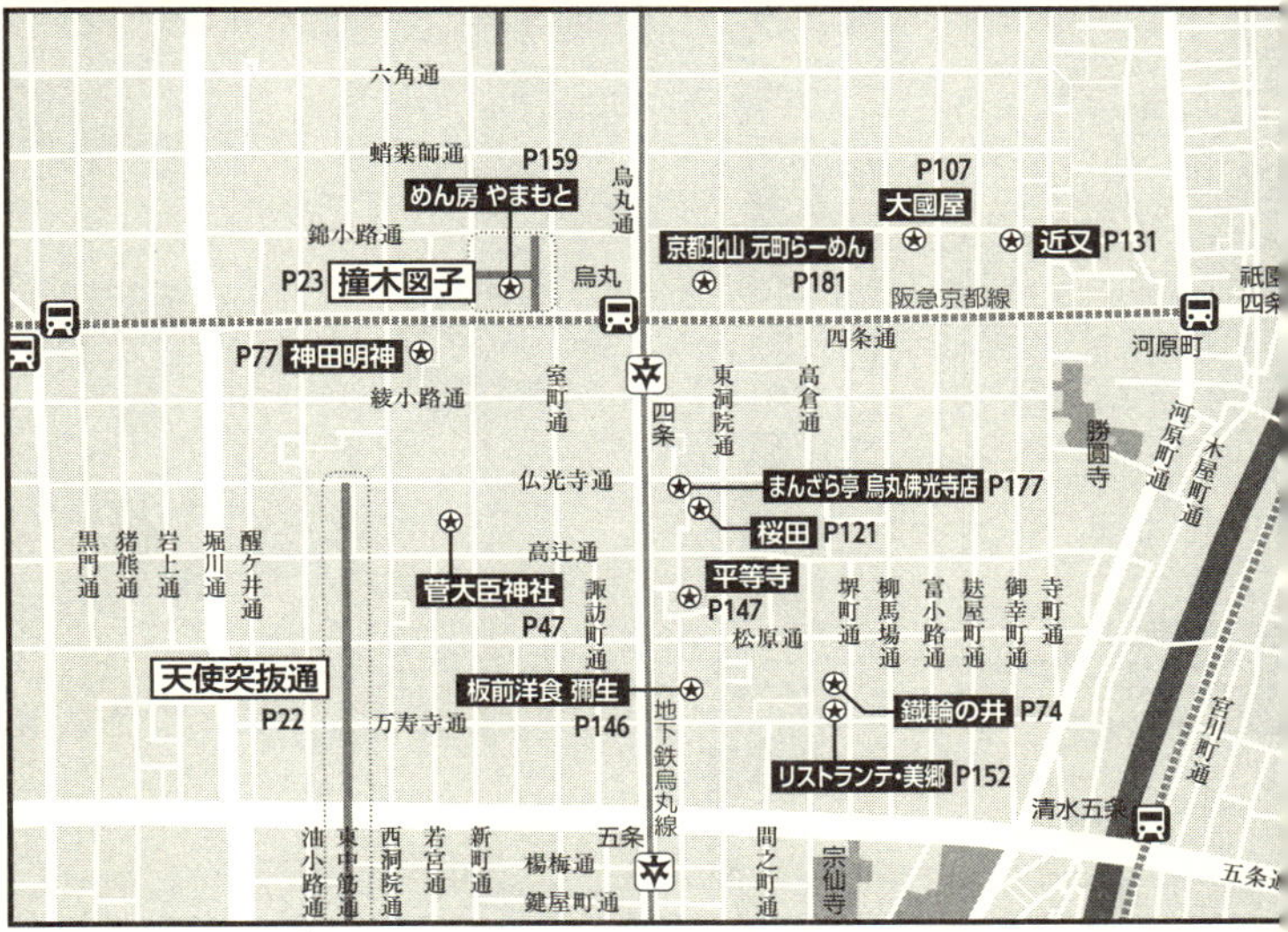

MAP F 下鴨、出町周辺

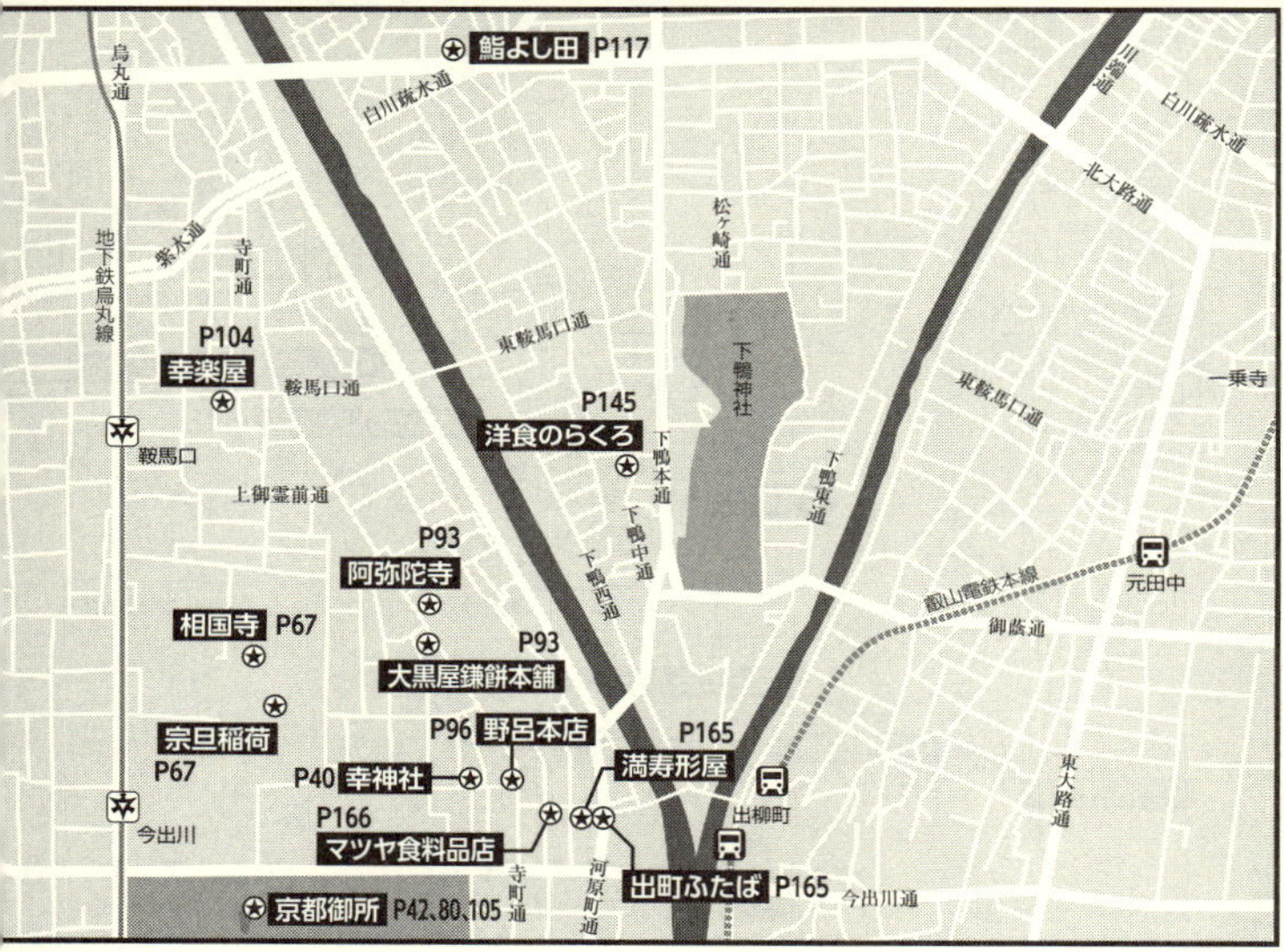
鮨よし田 P117
白川疏水通
川端通
白川疏水通
北大路通
烏丸通
松ヶ崎通
寺町通
地下鉄烏丸線
P104
幸楽屋
鞍馬口通
東鞍馬口通
下鴨神社
一乗寺
東鞍馬口通
P145
洋食のらくろ
下鴨本通
下鴨東通
鞍馬口
上御霊前通
下鴨中通
下鴨西通
P93
阿弥陀寺
叡山電鉄本線
元田中
御蔭通
相国寺 P67
P93
大黒屋鎌餅本舗
宗旦稲荷
P67
P96 野呂本店
P165
満寿形屋
P40 幸神社
東大路通
出柳町
P166
マツヤ食料品店
今出川
出町ふたば P165
今出川通
寺町通
河原町通
京都御所 P42、80、105

五条
梅通
屋町通
条通
問之町通
宗仙寺
不明門通
五条通
問屋町通
鞘町通
渋谷通
大和大路通
鳥辺山帝釋天王通妙寺
渉成園
宗本廟
烏丸通
豊国神社
三嶋神社
P50
下珠数屋町通
大弥食堂 P153
豊国神社宝物館
地下鉄烏丸線
七条
室町通
河原町通
東大路通
塩小路通
京都
東海道本線
東海道新幹線
奈良線
京阪鴨東線
燕en P123
泉涌寺通
食堂殿田 P155
東福寺

MAP G 西陣周辺

建勲通
上品蓮台寺 蜘蛛塚
P82
船岡南通
鞍馬口通
蘆山寺通
P86
称念寺 猫寺
上御霊前通
蘆山寺通
ビフテキ スケロク P139
西陣 梅乃井 P170
寺之内通
御前通
P69
千本釈迦堂 おかめ塚
平野神社
上立売通
喜多川通
北野天満宮 蜘蛛塚
P82
キッチンパパ P144
五辻通
堀川通
上七軒 ふた葉 P156
北野天満宮
西大路通
今出川通
七本松通
六軒町通
千本通
浄福寺通
智恵光院通
大宮通
黒門通
猪熊通
京福電気鉄道北野線
西陣 江戸川 P172
北野白梅町
天神通
一条通
中立売通

MAP H 京都駅周辺

中堂寺通
中堂寺南通
丹羽口
坊城通
壬生通
櫛笥通
油小路通
花屋
菱屋 P109
花屋町通
旧花
佐井東通
西大路通
西土居通
御前通
七本松通
新千本通
千本通
正面通
正面
西本願寺
山陰本線
北小路通
北小
興正寺
七条
P167
とんかつ一番
堀川通
木津
木津屋橋通
P59
粟嶋堂宗徳寺
西塩小路通
梅小路公園
大宮通
黒門通
猪熊通
岩上通
稲住神社
P55
P55
梅林寺
東海道本線
八条通
東海道新幹線
壬生通
針小路通
近鉄京都線
東寺通

とんかつ一番（とんかつ、洋食、弁当）
京都市下京区黒門通木津屋橋上る徹宝町403
TEL 075-371-0722
営業時間 11:30 ~14:00、17:00~20:30
定休日 第2・第4・第5日曜
本文p167 MAP H

梅乃井（鰻）
京都市上京区大宮通寺之内上ル前之町461
TEL 075-441-5812
営業時間 11:00 ~13:30、17:00~18:30
定休日 月曜
本文p170 MAP G

西陣江戸川（鰻）
京都市上京区笹屋町通千本西入笹屋四丁目272
TEL 075-461-4021
営業時間 11:30 ~14:00
定休日 金曜
本文p172 MAP G

かね正（鰻）
京都市東山区大和大路通四条上ル2丁目常盤町155-2
TEL 075-532-5830
営業時間 11:30 ~14:00、17:30~21:30
定休日 木曜・日曜
本文p173 MAP B,C

う桶や 祇をん う（鰻）
京都市東山区祇園町南側570-120
TEL 075-551-9966
営業時間 11:30 ~14:00、17:30~20:00
定休日 月曜（月曜が祝日の場合は翌日）
本文p174 MAP C

釜めし 月村（釜飯、割烹·小料理）
京都市下京区西木屋町通四条下ル船頭町198
TEL 075-351-5306
営業時間 17:00~21:00
定休日 月曜、月1回火曜
本文p176 MAP C

まんざら亭 烏丸佛光寺
（居酒屋、京料理、鳥料理）
京都市下京区仏光寺通烏丸東入ル上柳町325
TEL 075-344-1277
営業時間 17:00~24:00
定休日 無休
本文p177 MAP E

新福菜館 三条店（ラーメン）
京都市中京区三条通堀川東入ル橋東詰町10
TEL 075-241-4636
営業時間 11:00~20:00
定休日 水曜
本文p179 MAP D

京都北山元町らーめん（ラーメン）
京都市中京区東洞院通錦小路下る坂東屋町664-27
TEL 075-221-3910
営業時間 11:00~24:00（L.O.）
定休日 日曜
本文p181 MAP E

フランソア喫茶室（喫茶店、カフェ）
京都市下京区西木屋町通四条下ル船頭町184
TEL 075-351-4042
営業時間 10:00~23:00
定休日 12/31、1/1、夏季休日（2日）
本文p183 MAP C

＊こちらの情報はすべて、2014年8月現在のもので、営業時間など変更する可能性もあるのでご注意ください。ページは、本文中の掲載ページです。MAPは、p191 ～ 195をご参照ください。
＊お店の意向で掲載していない店もありますので、ご了承ください。

リストランテ・オルト(イタリアン)
京都市中京区衣棚通三条下ル三条町337-2
TEL 075-212-1166
営業時間 12:00 ~14:00、18:00~21:00
定休日 火曜(祭日などで営業の場合は振替で別日)。夏季休暇、冬季休暇
本文p150 MAP D

Ristorante 美郷(イタリアン)
京都市下京区堺町通松原下ル鍛冶屋町246-2
TEL 075-351-0098
営業時間 11:30 ~14:00、17:30~21:30
定休日 不定休
本文p152 MAP E

大弥食堂(うどん、定食·食堂)
京都市下京区下数珠屋通東洞院東入南側
TEL 075-371-1194
営業時間 10:00~15:00
定休日 日曜・祝日
本文p153 MAP H

食堂 殿田(定食·食堂)
京都市南区東九条上殿田町15
TEL 075-681-1032
営業時間 11:00~19:30
定休日 無休(臨時休業有り)
本文p155 MAP H

上七軒 ふた葉
(そば·うどん·麺類、丼もの)
京都市上京区今出川通七本松西入ル真盛町719
TEL 075-461-4573
営業時間 11:00~19:00
定休日 水曜(25日が天神さんの縁日の日は営業。代休あり)
本文p156 MAP G

めん房 やまもと(そば、うどん)
京都市中京区新町通四条上ル東入ル観音堂町473
TEL 075-255-0856
営業時間 平日:11:00~20:00、土:11:00~14:00
定休日 日曜・祝日・第3土曜
本文p159 MAP E

おやじ(焼きそば)
京都市東山区北御門町259
TEL 075-541-2069
営業時間 11:00 ~13:15、17:00~売り切れ次第終了(日曜・祝日は午前のみ営業)
定休日 水曜
本文p160 MAP C

本家尾張屋 本店(そば、和菓子、丼もの)
京都市中京区車屋町通二条下ル仁王門突抜町322
TEL 075-231-3446
営業時間 11:00~19:00(18:30 L.O)
定休日 1/1、1/2のみ
本文p162 MAP D

六波羅飯店
(中華料理、ラーメン、定食·食堂)
京都市東山区松原通大和大路東入2丁目轆轤町90
TEL 075-551-2901
営業時間 11:00~22:00
定休日 火曜
本文p164 MAP C

満寿形屋(寿司、うどん、そば)
京都市上京区桝形通出町西入ル二神町179
TEL 075-231-4209
営業時間 12:00~16:00(売切れ次第で閉店時間は早まります)
定休日 水曜
本文p165 MAP F

モリタ屋 木屋町店
(すき焼き、しゃぶしゃぶ、ステーキ)
京都市中京区木屋町三条上ル上大阪町531
TEL 075-231-5118
営業時間 月~金:11:30~15:30、17:00~23:00
土日祝:11:30~23:00
定休日 12/31、元日
本文p133 MAP B

洋食の店 みしな
(洋食、シチュー、コロッケ・フライ)
京都市東山区高台寺二寧坂畔
TEL 075-551-5561
営業時間 12:00~14:30、17:00~19:30
定休日 水曜、第1・3木曜(祝日の場合は翌日)
本文p136 MAP C

グリル富久屋
(洋食、ハンバーグ、オムライス)
京都市東山区宮川筋5-341
TEL 075-561-2980
営業時間 12:00~21:00
定休日 毎木曜日と第三水曜日
本文p138 MAP C

ビフテキ スケロク(ステーキ、洋食)
京都市北区衣笠高橋町1-26
TEL 075-461-6789
営業時間 11:30 ~14:00、17:30~20:30
定休日 木曜・不定休
本文p139 MAP G

はふう 本店
(ステーキ、ハンバーグ、サンドイッチ)
京都市中京区麩屋町通夷川上ル笹屋町471-1
TEL 075-257-1581
営業時間 11:30 ~13:30 (L.O)、17:30~21:30 (L.O)
定休日 水曜
本文p141 MAP D

キッチン・ゴン 西陣店
(洋食、オムライス、とんかつ)
京都市上京区下立売通大宮西入浮田町613
TEL 075-801-7563
営業時間 11:00~22:00
定休日 無休
本文p142 MAP D

キッチンパパ(洋食、ハンバーグ)
京都市上京区上立売通千本東入姥ヶ西町591
TEL 075-441-4119
営業時間 11:00 ~15:00 (L.O. 14:30)、17:30~22:00 (L.O. 21:30)
定休日 木曜
本文p144 MAP G

洋食のらくろ
(洋食、ハンバーグ、カレーライス)
京都市左京区下鴨宮崎町69
営業時間 11:30 ~13:45 (L.O)、17:30~19:45 (L.O)
定休日 火曜・水曜
本文p145 MAP F

板前洋食 彌生(洋食)
京都市下京区不明門通松原下ル
TEL 075-341-8188
営業時間 11:00~14:00
定休日 日曜、第2・3土曜
本文p146 MAP E

宮川町 さか(イタリアン)
京都市東山区宮川筋4丁目319-1-5
TEL 075-531-1230
営業時間 12:00~(要予約4名様より、おまかせ10000円~)、18:00~0:00
定休日 日曜(日月連休時は月曜)
本文p148 MAP C

営業時間 9:00~18:00
定休日 水曜
本文p107 MAP B

菱屋(和菓子)
京都市下京区薬園町157
TEL 075-351-7635
営業時間 9:00~19:00
定休日 不定休
本文p109 MAP H

第五章

鮨よし田(寿司)
京都市左京区下鴨東半木町72-8
TEL 075-702-5551
営業時間 17:30~21:00(予約のみ)
定休日 月曜
本文p117 MAP F

鮨まつもと(寿司)
京都市東山区祇園町南側570-123
TEL 075-531-2031
営業時間 12:00~14:00、17:30~21:00
定休日 火曜と水曜のランチ
本文p118 MAP C

点邑(天麩羅、割烹)
京都市中京区御幸町通三条下ル海老屋町324-1
TEL 075-212-7778
営業時間 11:30~13:30、17:30~21:00
定休日 火曜
本文p119 MAP B

桜田(懐石・会席料理、京料理)
京都市下京区烏丸仏光寺東入ル一筋下ル匂天神町634-3
TEL 075-371-2552
営業時間 12:00~14:30、18:00~21:30
定休日 火曜
本文p121 MAP E

燕 en(割烹、小料理)
京都市南区東九条西山王町15-2
TEL 075-691-8155
営業時間 17:30~23:00
定休日 日曜(日曜が祝日の場合のみ、日曜営業で翌月曜が休み)
本文p123 MAP H

割烹 千ひろ
(割烹・小料理、懐石・会席料理、京料理)
京都市東山区祇園町北側279-8
TEL 075-561-6790
営業時間 12:00~13:00 L.O. *予約のみ
17:00~20:30 L.O.
定休日 月曜
本文p125 MAP B,C

京 上賀茂 御料理秋山(懐石・会席料理)
京都市北区上賀茂岡本町58
TEL 075-711-5136
営業時間 12:00~14:30、18:00~22:00
定休日 水曜、月末の木曜
本文p127 MAP A

祇園 丸山(料理、懐石・会席料理)
京都市東山区祇園町南側570-171
TEL 075-525-0009
(**建仁寺 祇園 丸山** 京都市東山区小松町566-16 TEL 075-561-9990)
営業時間 11:00~13:30、17:00~19:30
定休日 不定休
本文p129 MAP C

近又(京懐石・宿)
京都市中京区御幸町通四条上ル大日町407
TEL 075-221-1039
営業時間 7:30~10:30、12:00~15:30、17:30~22:00
定休日 水曜
本文p131 MAP B

本文p82 MAP G

蜘蛛塚（北野天満宮）
京都市上京区馬喰町
本文p82 MAP G

猫寺（称念寺）
京都市上京区寺之内通浄福寺西入上る西熊町275
本文p86 MAP G

迷子の道しるべ（誓願寺）
京都市中京区新京極通三条下ル桜之町453
本文p88 MAP B

第四章

大黒屋鎌餅本舗（和菓子）
京都市上京区寺町通今出川上ル4丁目西入ル阿弥陀寺前町25
TEL 075-231-1495
営業時間 8:30~20:00
定休日 第1・3水曜（水曜が祝日の場合営業）
本文p93 MAP F

野呂本店（漬物）
京都市上京区寺町通今出川上る立本寺前町77
TEL 075-231-0749
営業時間 9:00~18:00
定休日 1月1日~4日
本文p96 MAP F

ギャラリー遊形
（俵屋オリジナルグッズ、食品他）
京都市中京区姉小路通麩屋町東入ル姉大東町551
TEL 075-257-6880
営業時間 10:00~19:00
定休日 第1・3火曜（4、5、10、11月は無休）
本文p97 MAP B

裏具（文房具）
京都市東山区宮川筋4丁目297
TEL 075-551-1357
営業時間 12:00~18:00
定休日 月曜（月曜が祝日の場合、翌日）
本文p99 MAP C

名月堂（和菓子）
京都市東山区新宮川町通松原下ル西御門町447-1
営業時間 10:00~19:00
定休日 火曜（月1回　月曜日不定休）
本文p100 MAP C

欧風堂（ケーキ、洋菓子）
京都市中京区竹屋町通烏丸西入ル
TEL 075-221-2022
営業時間 9:00~20:00
定休日 第1・3日曜
本文p102 MAP D

幸楽屋（和菓子）
京都市北区鞍馬口通烏丸東入ル新御霊口町285-59
TEL 075-231-3416
営業時間 9:00~18:00
定休日 日曜、祝日
本文p104 MAP F

松屋常盤（和菓子）
京都市中京区堺町通丸太町下ル橘町83
TEL 075-231-2884
営業時間 9:00~17:00
定休日 年始のみ
本文p105 MAP D

大國屋（鰻屋）
京都市中京区錦小路通富小路西入東魚屋町177-2
TEL 075-221-0648

巻末付録　掲載スポット・掲載店リスト

第二章

幸神社
京都市上京区寺町通今出川上ル西入幸神町303
本文p40 MAP F

御金神社
京都市中京区西洞院通御池上ル押西洞院町618
本文p44 MAP D

武信稲荷神社
京都市中京区 今新在家西町38
本文p46 MAP D

菅大臣神社　北菅大臣神社
京都市下京区仏光寺通新町西入菅大臣町187-1
本文p47 MAP E

三嶋神社
京都市東山区東大路通東入上馬町3丁目
本文p50 MAP H

達磨寺(法輪寺)
京都市上京区下立売通御前西入西ノ京円町上ル一つ目信号東入
本文p52 MAP A

梅林寺
京都市下京区梅小路東中町1
本文p55 MAP H

稲住神社
京都市下京区梅小路石橋町97-1
本文p55 MAP H

粟嶋堂宗徳寺
京都市下京区岩上通塩小路上ル三軒替地町124
本文p59 MAP H

第三章

宗旦稲荷(相国寺)
京都市上京区今出川通烏丸東入上る相国寺門前町
本文p67 MAP F

おかめ塚(千本釈迦堂/大報恩寺)
京都市上京区五辻通六軒町西入溝前町1034
本文p69 MAP G

首振り地蔵(善光寺堂)
京都市東山区清水1-294
本文p71 MAP A

鐵輪の井
京都市下京区堺町通松原下ル鍛冶屋町254
本文p74 MAP E

神田明神
京都市下京区綾小路通西洞院東入新釜座町726
本文p77 MAP E

鵺池(二条公園)
京都市上京区主税町910-40
本文p79 MAP D

蜘蛛塚(上品蓮台寺)
京都市北区紫野十二坊町33−1

著者略歴

柏井壽《かしわいひさし》

一九五二年京都市生まれ。大阪歯科大学卒業。京都市北区で歯科医院を開業する傍ら、京都の魅力を伝えるエッセイや、日本各地の旅行記などを執筆。著書に『おひとり京都の愉しみ』『京料理の迷宮』『極みの京都』『日本百名宿』(以上、光文社新書)、『京都の値段』(プレジデント社)、『憂食論』(講談社)ほか多数。自分の足で稼ぐ取材力と、確かな目と舌に定評があり、「Discover Japan」「ノジュール」「dancyu」「歴史街道」など、雑誌からも引っ張りだこ。京都や旅をテーマにしたテレビ番組の監修も多数行う。柏木圭一郎名義で、京都を舞台にしたミステリー小説も多数執筆する一方、本名の柏井壽名義で執筆した小説『鴨川食堂』『鴨川食堂おかわり』(小学館)が好評。二〇一三年「日本　味の宿」プロジェクトを立ち上げ、発起人として話題を集める。

幻冬舎新書 357

京都の路地裏

生粋の京都人が教えるひそかな愉しみ

二〇一四年九月三十日 第一刷発行

著者 柏井壽

発行人 見城徹

編集人 志儀保博

発行所 株式会社 幻冬舎

〒一五一－〇〇五一 東京都渋谷区千駄ヶ谷四－九－七

電話 〇三－五四一一－六二一一(編集)

〇三－五四一一－六二二二(営業)

振替 〇〇一二〇－八－七六七六四三

ブックデザイン 鈴木成一デザイン室

印刷・製本所 株式会社 光邦

検印廃止

Printed in Japan ISBN978-4-344-98358-8 C0295

か-17-1

幻冬舎ホームページアドレス http://www.gentosha.co.jp/

＊この本に関するご意見・ご感想をメールでお寄せいただく場合は、comment@gentosha.co.jp まで。

幻冬舎新書

橋本麻里
日本の国宝100

縄文時代の『火焔型土器』や、日本仏教の出発点といえる法隆寺『釈迦三尊像及び両脇侍像』など、1000以上ある国宝の中から100を厳選解説。国宝を通して浮き彫りになるこの国の成り立ち。

山下景子
現存12天守閣

防御地点として、権力の象徴として100以上も全国に点在した天守だが、戦乱の荒波や時代の移り変わりのなかで今や現存はたった12。奇しくも残った12城をぶらり探索。城の歴史や見所を詳述。

高橋一喜
日本一周3016湯

温泉好きが高じて一念発起、退職しいざ全国温泉めぐりへ。386日間、450万円をかけて制覇した3016湯を、泉質や源泉かけ流しかどうかを重視しながら講評。名湯秘湯の数々を記録。

浅井宏純
アフリカ大陸一周ツアー
大型トラックバスで26カ国を行く

大型トラックバスで約10カ月。世界13カ国から集まった同乗者とともに、砂漠を縦断、ジャングルを抜け、サファリや世界遺産へ。貧しくとも、人々は明るくタフだった。命がけの冒険旅行記。

幻冬舎新書

島田裕巳
靖国神社

靖国神社とは、そもそも日本人にとって何か。さまざまに変遷した145年の歴史をたどった上で靖国問題を整理し、未来を見据えた画期的な書。靖国神社の本質がついにこの1冊で理解できる。

島田裕巳
なぜ八幡神社が日本でいちばん多いのか
【最強11神社】八幡／天神／稲荷／伊勢／出雲／春日／熊野／祇園／諏訪／白山／住吉の信仰系統

日本の神社の数は約8万社。初詣など生活に密着しているが、そこで祀られる多様な神々について我々は意外なほど知らない。八幡、天神、伊勢など11系統を選び出し、祭神を解説した画期的な書。

小高賢
句会で遊ぼう
世にも自由な俳句入門

もともと「座の文芸」と言われる俳句。肩書き抜きでコミュニケーションを楽しめる句会こそ、中高年に格好の遊びである。知識不要、先生不要、まずは始めるが勝ち。体験的素人句会のすすめ。

内藤正人
江戸の人気浮世絵師
俗とアートを究めた15人

世界に誇れる数多の作品を残した、江戸の浮世絵師たち。だが、当時の彼らの地位は低かった。タブーを犯して生計を立てる者、幕府に睨まれ処罰される者……。波瀾万丈な15人の、作品と生きざま。

幻冬舎新書

小谷野敦
21世紀の落語入門
「聴く前に、興津要編《おきつかなめ》のネタ集『古典落語』を読むとよく分かる」「寄席へ行くより名人のCD」「初心者は志《し》ん朝《ちょう》から聴け」……ファン歴三十数年の著者が、業界のしがらみゼロの客目線で楽しみ方を指南。

丸山学
先祖を千年、遡《さかのぼ》る
名字・戸籍・墓・家紋でわかるあなたのルーツ
日本人の90%が江戸時代、農民だったとされるが、さらに平安時代まで千年遡ると、半数は藤原鎌足にルーツがあるという。先祖探しのプロが、自分自身の謎を解く醍醐味とその具体的手法を伝授。

楠原佑介
この地名が危ない
大地震・大津波があなたの町を襲う
我々の祖先は土地土地に「ここは危ない」というメッセージとして地名を付けてきた。つまり古い地名の分析が現在も次の災害の対策につながる。いまこそ先人の知恵に学べ！　災害地名学のすすめ。

小林よしのり　有本 香
はじめての支那論
中華思想の正体と日本の覚悟
国際社会が「チャイナ（シナ）」と呼ぶ中、なぜ日本は「支那」を差別語扱いし自主規制せねばならないのか――この「ウザい隣国」との本質的問題点をグローバリズムから論じた、新しい〝中国〟論。

森政弘
親子のための仏教入門
我慢が楽しくなる技術

子供に我慢させるのは何より難しい。大人でも難しい「我慢」だが、仏教が説く「無我」を知れば、生きる楽しさがわかる。ロボット工学者が、宗教家と違う視点で解説した本当に役立つ仏教入門。

榎本秋
外様大名40家
「負け組」の処世術

「負け組」戦国大名は、いかにして江戸時代を生き抜いたのか。将軍家との婚姻政策に奔走した前田家、藩士1000人の大リストラを断行した津軽家など、外様大名40家の系譜と歴史。

長嶺超輝
47都道府県これマジ!?条例集

山口県光市の「おっぱい都市宣言」、石原都知事直々のネーミング「しゃれた街並みづくり推進条例」等々。地域の条例、規則、宣言の中から笑えるルールを発掘! 本邦初、日本全国珍ルールの旅。

中川右介
世界の10大オーケストラ

近代の産物オーケストラはいかに戦争や革命の影響を受けたか? 「カラヤン」をキーワードに10の楽団を選び、その歴史を指揮者、経営者他の視点で綴った、誰もが知る楽団の知られざる物語。

幻冬舎新書

横山紘一
十牛図入門
「新しい自分」への道

牧人が牛を追う旅を、10枚の絵で描いた十牛図は、悟りを得るための禅の入門図として、古くから親しまれてきた。あなたの人生観が深まり、生きることがラクになる10枚の絵の解釈とは？

島田裕巳
日本の10大新宗教

創価学会だけではない日本の新宗教。が、そもそもいつどう成立したか。代表的教団の教祖誕生から社会問題化した事件までを繙きながら、日本人の精神と宗教観を浮かび上がらせた画期的な書。

島田裕巳
葬式は、要らない

日本の葬儀費用はダントツ世界一の231万円。巨大な祭壇、生花、高額の戒名は本当に必要か。古代から最新事情までをたどり、葬式とは何か、どうあるべきかまでを考察した画期的な1冊。

島田裕巳
浄土真宗はなぜ日本でいちばん多いのか
仏教宗派の謎

多くの人は、親の葬儀を営む段になって初めて自らの宗派を気にするようになる。だが、そもそも宗派とは何か。歴史上どのように生まれたのか。日本の主な宗派をわかりやすく解説した。